JN438519

봄, 여름, 가을, 겨울

현대수필가100인선Ⅱ · 95

봄, 여름, 가을, 겨울

김정호 수필선

수필과비평사 · 좋은수필사

■ 책머리에

수필은 누구나 부담 없이 읽고, 마음만 먹으면 직접 쓸 수도 있는 가장 친근한 문학이다. 다른 영역의 문학이 영상매체에 밀려 신음하고 있는 중에도 수필 인구만은 날로 증가하여 바야흐로 수필 전성시대를 구가하고 있는 이유도 거기에 있을 것이다.

시대적 추세에 힘입어 수많은 수필전문지, 수필동인지가 창간되고, 이에 비례하여 신진 수필가도 날로 늘어나다 보니 이제는 그 많은 작가, 그 많은 작품 중에서 문학성 높은 작품을 가려 읽는 일이 쉽지 않게 되었다. 이런 현상은 작가에게나 독자에게나 결코 바람직한 일이 아니다. 더 나아가서는 수필을 연구하는 후세들에게도 큰 부담이 될 것이다.

이런 문제를 해결하는 데는 출판인도 마땅히 한몫을 감당해야 한다는 평소의 소신에 따라, 본사가 기꺼이 그 역할을 맡기로 했다. 그 첫 번째 사업으로 시대를 대표할 만한 수필가 100인을 선정하고, 작가가 자선한 40편 내외의 작품을 수록한 문고본을 발간하여 이를 널리 보급함으로써 그 소임을 다하고자 한다.

본사는 사명감을 가지고 이 사업을 추진해 나가기로 했다. 작가 선정을 전담할 편집위원회를 구성하고 전권을 위임하여 일체의 사적인 정실이나 청탁을 배제함으로써 전문성과 공정성을 확보해 나갈 것이다.

따라서 이 기획물 속에는 작가의 문학정신뿐만 아니라, 본사의 문학사적 기여 의지와 편집위원 제위의 수필문학에 대한 애정과 문인으로서의 양심이 함께 담겨 있음을 자부한다. 다만, 작가를 선정하는 기준에는 많은 견해의 차이가 있을 수 있고, 선정 과정에서도 미처 챙기지 못한 부분이 있을 것이라는 사실만은 인정하지 않을 수 없다. 이 점에 대해서는 관계자 여러분의 양해 있으시기 바란다.

이 시리즈의 발간 순서는 작가, 또는 본사의 사정에 의한 것일 뿐 그 밖의 어떤 기준도 적용하지 않았음을 밝힌다.

본 기획물이 시대를 초월한 많은 수필 애호가들의 관심과 애정 속에 우리나라 수필문학 발전에 한 이정표가 되기를 바랄 뿐이다.

본사에서는 이상과 같은 취지로 ≪현대수필가 100인선≫ 전 100권을 완간하여 큰 반향을 불러일으킨 바 있다.

그러나 우리 수필문단의 규모나 수필문학의 수준에 비추어 선정 작가를 100인으로 한정하는 것은 형평성이나 효율성 면에서 크게 부족하다는 의견이 많았고, 본사 또한 이를 통감하던 터라 기꺼이 ≪현대수필가 100인선Ⅱ≫를 발간하기로 했다.

본사의 충정에 찬동하여 출판에 응해주신 저자 여러분에게 진심으로 감사한다.

2014년 9월 일

수필과비평사 · 좋은수필사 발행인 서 정 환
현대수필가 100인선 간행 편집위원 박 재 식 최 병 호
정 진 권 강 호 형
오 세 윤

1_부

2_부

3_부

4_부

1부

봄春 이야기 넷

와사보생臥死步生이라는 말이 있다. 누워 있으면 일찍 죽고 걸으면 오래 산다는 뜻이다. 가로등 밑 밤 꽃길을 걷는다. 봄꽃이 화사하다. 지난해부터 아내와 밤길을 걷는다. 저녁을 먹고 9시 땡 시보 소리에 맞추어 집을 나선다. 한결 복장이 간편해졌다. 그 추웠던 겨울 한파도 이기고 밤길을 걸어왔다. 두런두런 살아가는 이야기도 나누고, 그도 무료해지면 유튜브(youtube)로 부담 없는 경쾌한 유행가 음악을 들으며 걷는다. 오늘도 걷고, 하늘이 도와준다면 내일도 힘차게 걸을 것이다.

팔거천

겨우내 잠들었던 생명이 기지개를 켜고 일어난다. 겨울은 침묵의 시간이었다. 내가 사는 대구 칠곡 팔거천도 침묵으로 한겨울을 보냈다. 이제는 봄이다. 팔거천도 옛 모습을 갖추고 봄비에 물도 제법 흐른다. 물은 모든 생명의 시원始原이다. 물이 있는 곳에 생명의 박동이 느껴진다. 지난겨울 자취를 감추었던 오리떼도 돌아왔다. 이렇게 또 한 해가 시작된다. 지난해 연말에 끝난 ICT 강의도 조금만 지나면 이 봄과 함께 젊은 학생들을 만나게 될 것이다. 영남지방 일대의 초등 · 중등 · 고등학교를 찾아다니면서 강의해온 지도 어언 5년 차에 접어든다. 반짝반짝 빛나는 젊음의 얼굴들이 새삼 그리워진다.

진달래

새색시 속적삼 같은 진달래꽃이 피었다. 봄꽃은 수없이 많고 화려하지만, 그중에서도 진달래꽃을 제일 좋아한다. 어린 시절 우리 곁에 항상 있던 진달래꽃이 도시 생활을 하면서부터 곁을 떠나고 말았다. 그 자리를 영산홍이 대신하고 있다. 영산홍이 곱고 화려하기는 하지만, 왠지 도회시의 번삽함과 피곤함이 느껴져서 싫다. 우리 곁을 떠난 진달래는 산에 있다. 가까운 함지산을 몇 분만 쉬엄쉬엄 올라가면 거기에 진달래꽃이 지천으로 피어있다. 그동안 잊고 지냈던 고향 냄새를 그 꽃에서 맡는다. 또한, 객지로 흩어져 소식도 모르는 고향 친구들의 얼굴을 그 꽃에서 만난다. 모두 좋은 인연 만나 한 가정을 꾸리고 잘살고 있겠지. 그립다. 친구들아.

제비꽃

보면 볼수록 아담하고 소박한 꽃이다. 수많은 봄꽃 중에서 자랑하지 않고 다소곳이 앉아 있다. 해서 눈에 잘 띄지 않는 아주 흔한 꽃이다. 담장 밑에도 들판에도 어디에서나 흔하게 볼 수 있는 꽃이다. 보라색 꽃잎이 매혹적이다. 옛날 어린 시절 이웃집 옥이와 소꿉장난할 때 제비꽃 씨앗 따서 덜 익어 흰색인 것은 쌀밥이고, 노랗게 익은 것은 보리밥이라고 하며 깨진 사기조각 밥그릇에 담고 푸른 잎 찧어 나물 반찬 만들던 그 꽃이다. 그때는 사랑인 줄도 몰랐다. 그냥 그 소녀가 좋았다. 그 소녀가 제비꽃 닮았음을 이제야 깨닫는다. 뛰어나게 예쁜 미모는 아니었지만, 자세히 보면 볼수록 귀엽고 순진한 소녀였다. 철들어서는 수줍어 말 한마디 붙이지 못하고 헤어졌다. 지나간 봄날의 꿈이요, 어린 시절 아련한 추억이지만, 지금 어디서 살고 있을까. 갑자기 궁금해진다. 어디에선가 좋은 사람 인연 맺어 행복하게 살고 있겠지.

황사

세상에 좋은 일만 있으면 얼마나 좋을까. 아무리 호사다마好

事多魔라지만 이 좋은 봄날에 난데없는 불청객이라니…. 누른 흙먼지가 온통 대지를 뒤덮고 있어서 들숨 날숨이 조심스럽다. 어제오늘의 일이 아니다. 중국 서쪽 고비사막 등 건조한 지역을 발원지로 하는 황사 바람이 편서풍을 타고 이맘때쯤이면 어김없이 우리나라로 날아든다. 게다가 어디서 오는지도 모르는 미세먼지까지 날아든다. 봄소식 꽃바람에 너무 취하지 말라는 신의 장난이라면 해도 너무 지나친 장난이다. 점점 노령사회로 변해가는 요즈음 연로하신 노인들이 걱정이다. 그렇지 않아도 숨쉬고 살기 힘든 어르신들인데 황사 바람이 더욱 힘들게 한다. 우리 어머니도 그렇게 사신다. 어디 노인뿐이겠는가. 온종일 땡볕 아래서 하루 벌이로 살아가는 사람은 또 어쩌고, 새싹처럼 자라는 어린아이들에게 건강은 어쩌란 말인가. 황사방지용 마스크에 미세먼지 방지용 마스크를 쓰라고 권장하지만, 그도 임시방편일 뿐이다. 연분홍 봄 날씨가 아무리 고와도 어서 빨리 지나가기만을 기다리는 가난한 중생의 마음이다.

5월의 향기

푸르른 5월이다. 신록의 계절 5월이 오면 발걸음보다 가슴이 먼저 앞으로 달려 나간다. 5월의 화려한 장미꽃은 계절의 여왕이다. 형형색색으로 곱게 단장하고 화사하게 피어나는 장미꽃은 고혹蠱惑적인 자태로 사람들을 유혹한다.

계절의 여왕인 장미꽃이 정원을 장식하기도 전인 5월 초입에 이팝나무 꽃과 아까시 꽃이 먼저 여왕님이 오시는 길을 흰 융단으로 단장해놓았다. 아주 오래전 멀리 재 너머로 시집간 이웃집 누님을 닮은 흰색의 아까시 꽃이 지천에 가득 피었다. 아까시 꽃 꽃말은 플라토닉 러브, 즉 희생적인 사랑이라고 한다. 잊고 지내던 그 누님 모습이 그랬었지.

아까시 꽃이 온산을 덮으면 괜히 배가 불러온다. 갑자기 옛 추억들이 슬며시 담장을 넘어온다. 누구나 배고팠던 시절, 보릿고개가 있던 옛날, 한참 자라나는 나이에 적당한 먹거리가 없었다. 4월 초순, 앞산에 진달래가 곱게 피면 입술이 파랗도록 진달래꽃을 따 먹었다. 쌉싸름한 맛에 달착지근한 향기가 묻어나는 진달래 꽃잎을 한 움큼씩 따서 잘도 먹었다. 진달래꽃이 가고 조금 있으면 하얀 찔레꽃이 산모퉁이나 개울가에서 손짓한다. 그때쯤이면 새로 돋아나는 고운 찔레 새순을 꺾어서 질긴 껍질을 벗겨내고 하얀 속살을 맛나게 잘도 씹어 먹었다. 그리고 하얀 아까시 꽃이 산천을 뒤덮으면 이가 시리도록 또 많이도 따 먹었다. 초여름이 다가오면 밀과 보리가 누렇게 익어간다. 이때쯤이면 작은 모닥불을 피워놓고 제법 튼실하게 익은 밀을 꺾어서 밀 서리를 하는 일도 가끔은 있었지만, 귀한 식량인 밀을 마냥 꺾어서 서리하기에는 어른들의 꾸지람이 무서웠다. 그래도 만만한 먹거리가 밭두렁과 야산에 풍부하게 있었다. 바로 검은 보석 같은 오디다. 뽕나무 열매인 까만 오디가 실한 가지에 주렁주렁 탐스럽게 달린다. 그때가 되면 내 집 네 집 것 가리지 않고 아무 곳에서나 오디를 따먹었다. 어른들은 아무도 꾸중하지 않았다. 그리고 나면 동네 꼬마 악동들은 모두가 인디언처럼 푸른 입을 하고 다녔다.

꽃은 모두가 아름답다. 연분홍색으로 피는 진달래나 장미꽃은 붉은 꽃으로, 노란색으로 피는 개나리꽃이나 죽단화는 노랑꽃으로, 흰색으로 곱게 피는 수국과 아까시 꽃은 흰색이어서 아름답고, 보라색으로 곱게 피어나는 제비꽃과 라일락꽃은 보라색이어서 더 아름답다. 흔히 두 사람간의 대화가 궁해지면 아무 의미도 없이 무슨 꽃을 좋아하느냐고 묻는다. 이런 질문은 참으로 어리석고 바보 같은 말이다. 마치 '엄마가 좋으냐? 아빠가 좋으냐?'라고 묻는 말과 다르지 않다.

경북지방에서 아까시 꽃 잔치가 장관으로 피어나는 곳은 대구 근교인 칠곡 신동재가 유명하다. 꽃이 만발하면 어김없이 매년 아까시 꽃 축제가 열리는 곳이다. 는개가 곱게 내리는 토요일 오후, 올해도 아내를 곁자리에 앉히고 아까시 꽃을 찾아 나선다. 산협 들머리에는 하얀 이팝나무 꽃이 거리를 환하게 밝히며 길손을 반기고, 활등처럼 굽은 신동재 옛길에는 하얀 아카시꽃 잔치가 왁자지끌하게 벌어졌다. 안개처럼 내리는 비 속에 녹색과 흰색의 조화는 선경仙境에라도 온 듯 황홀하다. 올해는 코로나19의 여파로 아까시 꽃 축제는 생략되었지만, 흐르는 세월 속에 아까시 꽃은 어김없이 만발하였다.

신동재에 아까시 꽃이 요란하게 피어나면 어김없이 전국에서 단골손님들이 찾아온다. 양봉업에 종사하는 분들이다. 국토 남쪽 지방에서 출발하여 벌통을 차에 싣고 아까시 꽃 개화시기를 따라 점점 북쪽으로 자리를 옮겨 앉는다. 꿀은 따는 시기에 따라 꿀맛이 다르다. 아카시 꽃 꿀이 가장 달고 맛있다. 그리고 가장 많이 생산된다. 꽃이 지고 나면 밤꽃 등 기타 여러 꽃에서 꿀을 채취한다. 소위 잡꿀이라는 이름표를 달고 있는 꿀이다. 약간 쌉싸름한 맛이 나는 잡꿀도 가정집에서는 없어서는 안 될 소중한 의약품이었다. 주로 어른이나 아이 가릴 것 없이 입안이 헐고 입술이 갈라지는 증세가 있을 때 입안이나 입술에 바르기를 이틀 정도 반복하고 나면 말끔하게 입안이나 입술이 치료된다. 모두가 옛날 추억이 묻어나는 이야기다.

올해도 아까시 꽃이 흐드러지게 피었다. 일반 시민들에게는 일시적인 한갓 봄 풍경 볼거리에 불과하지만, 양봉업에 종사하는 이에게는 한철 농사다. 소중한 자원인 아까시 꽃이 절정을 이룬 지금, 두메로 시집간 누님은 파파 할머니가 되어 있겠지. 나도 이마에 주름이 잡히고 머리에는 백설이 앉았으니 그 누님인들 마냥 청춘으로만 살고 있지는 않겠지. 얼마나 늙었을까. 지금은 어디에서 살고 계실까. 갑자기 나 혼자 짝사랑하며 가슴 조이던, 잊고 있었던 고운 이웃집 누님 소식이 궁금해진다. 고운 아까시 꽃 향기 속에 내 소식을 실어 누님에게 살포시 띄워 보낸다.

사자후 큰 법문

간밤 꿈자리가 뒤숭숭하다. 첫눈이 온다는 소설小雪을 지나고 대설大雪이 가까운 날 일요일 아침이다. 갑자기 해인사 백련암을 참배하고 싶다. 생각하면 망설이지 않고 바로 실행에 옮기는 버릇이 또 도지고 말았다.

무엇에 마음이 허해졌는가. 100살도 채 살지 못할 인생사가 아닌가. 원했든 원하지 않았든 백 가지, 천 가지 근심 번뇌에 쌓여 살아왔다. 이럴 때면 큰 스님 존상尊像이라도 뵈어야 마음이 안정될 것 같다. 언제나 고분고분 따라와 주는 옆지기를 재촉하여 장도에 오른다.

쓸쓸하다. 붉은 단풍이 들면 온통 계곡물까지 붉게 물든다는 홍류동 계곡에는 단풍잎도 다 떨어지고, 갈수기에 흐르는 계곡물마저 개울물처럼 흐른다.

사실 몇 주 전에도 백련암을 참배하려고 했다. 자만심에 그러려니 하고 갔다가 길을 잘못 찾아 해인사 본당 부처님만 참배하고 돌아온 적이 있다.

해인사 일주문을 지나 안내원에게 물어 길을 확인하고 백련암 방향으로 차를 재촉해 간다. 희랑대를 지나 드디어 백련암이다. 전에도 몇 차례 참배를 온 적이 있음으로 낯설지는 않다.

백련암 사립문이 정겹다. 대웅전인 적광전을 향해 간단한 반배를 올리고 지체 없이 고심원으로 향한다. 초겨울 날씨에 참배객이 끊어진 고심원은 한적하다 못해 적막감이 감돈다. 고심원 높은 연화대 위에 퇴옹당 성철 스님 등신 존상이 아래를 내려다 보고 계신다. 스님 살아생전에는 3,000배를 올려야 겨우 참배를 허락하셨던 가야산 호랑이 스님이시다. 그러나 오늘은 무례하게도 삼배로 스님을 뵙는다. 삼배만을 올리는 이유는 나도, 아내도 노령의 나이에 옛날같이 108배마저도 감당하기 힘들기 때문이다. 좌복 위에 앉아 고요를 향한 참선에 들어간다. 한참을 앉아있어도 큰 스님의 호령 한 마디 없다.

한참의 시간이 흘렀지만, 그래도 허한 마음이 가시지 않는다. 내친 김에 스님의 큰 발자취를 다시 더듬어 보고 싶어진다. 지체 없이 경남 산청 땅 겁외사로 향한다. 겁외사는 스님의 출가 전에 사셨던 생가가 있는 사찰이다. 백련암에서 겁외사까지 200여리가 넘는 길이다.

겁외사는 경남 산청군 단성면에 있다. 바쁠 것도 서둘 일도 없는 여정이다. 옆지기와 이런저런 대화를 나누며 안전하게 차를 몰아간다.

드디어 겁외사 광장이다. 단성면 시골 마을치고는 꽤 넓은 광장이 조성되어 있다.

발길이 겁외사로 향한다. 사찰 입구에 '지리산 겁외사'라는 현판이 반갑다. 마당 한가운데 성철 큰스님의 동상이 우뚝 솟아있어 누가 보아도 성철 큰스님을 기리는 사찰임을 한눈에 알아볼 수 있다. 이 동상 밑에는 스님의 사리 일부를 봉안하였다고 안내판이 알려준다. 신실한 마음으로 스님 동상을 향해 반배를 올린다. 대웅전 참배를 마치고 생가로 향하였다. 큰 스님의 생가로 들어간다. 약간은 실망감이 밀려온다. 정말 스님이 출가 전에 사셨던 집일까 싶을 만큼 중앙에 본체와 좌, 우로 두 동의 건물이 조성되어 있다. 그보다 눈길을 끄는 것은 큰스님의 출가 시이다.

彌天大業紅爐雪 미천대업홍로설
跨海雄其赫日露 과해웅기혁일로
誰人甘死片時夢 수인감사편시몽
超然獨步萬古眞 초연독보만고진

하늘에 넘치는 큰일들 화롯불에 한 점 눈송이요
바다를 뒤엎는 큰 과업도 햇볕 아래 이슬일세

그 누구 잠깐의 꿈같은 삶을 살다가 죽어가랴
만고의 진리를 향해 초연히 나 홀로 걸어가노라.

아! 여기 있다. 큰 스님의 사자후 법문이 여기에 있다. 가만히 서서 시 구절을 몇 번이고 되새겨본다. 큰스님의 깊은 마음을 온전히 이해하지 못하지만, 마음의 안정이 온다. 허나 사바세계 예토에서 일상사를 살아가며 번뇌를 쌓아가는 중생이 또 큰스님을 찾고 싶은 날이 있을 것이다.

남가일몽

한가한 오후다. 기분이 좋다. 왠지 좋은 일이 있을 것만 같다. 날씨는 화창하고 5월의 장미꽃이 지천이다. 콧노래가 절로 나온다. 무료한 시간에 친구나 만나볼 겸 3호선 지상 열차에 몸을 싣는다. 열차 안은 듬성듬성 자리가 비어있고 한산하다. 출입구 근처 빈 좌석에 자리를 잡는다.

다음 정거장에서 한 여인이 올라탄다. 이게 웬일인가. 다른 곳에 빈자리도 있는데 내 옆자리로 다소곳이 앉는 것이 아닌가. 50대 초중반 정도로 보인다. 한눈에 보아도 세련미가 넘친다. 적당한 키에 약간은 살집이 있는 몸매도 보기 좋다. 게다가 크게 물결 진 머리는 어깨 위에서 찰랑거리고 흰색 블라우스 위로 검은색 정장을 갖추어 입었다. 반들반들 윤이 나는 검은색 하이힐도 매력적이다. 특히 눈길을 잡는 것은 그녀의 손이다. 약간 통통하고 희고 매끄러운 피부가 눈길을 놓아주지 않는다. 게다가 손톱도 예쁘게 단장하였다. 요즘 젊은이들 사이에 유행하는 가짜 보석을 붙이는 스톤은 하지 않았지만, 꽃분홍색 매니큐어를 곱게 단장한 손톱이 매혹적이다. 게다가 가늘고 긴 손가락이 유혹이라도 하는 듯 앞으로 가지런히 놓여있다. 한마디로 내가 그려오던 이상형의 여인상이다.

한 정거장을 더 갔을까. 여인은 검은색 손가방에서 껌 한 통을 꺼내어 자기 입에 하나 넣고, 또 하나 껍질을 벗겨서 나에게 권한다. 자기 혼자 껌 씹기가 미안했나 보다. 상냥한 미소 속에 아름다운 여인이 권하는데 받지 않을 사람이 있겠는가. 이미 껍질까지 벗긴 껌을 사양하기도 그렇다. 고맙다는 인사로 대신하며 받는다. 달착지근한 단맛이 혀끝을 자극한다. 순간적으로 행복을 느낀다. 얼마 지나지 않아 그가 또 말을 걸어온다. 이게 웬 횡재란 말인가. 무료한 시간에 절세의 미인이 말을 걸어오다니….

어디까지 가시느냐 묻는다. 친구 만나러 시내 나가는 길이라고 했다. 그리고 이런저런 사람 살아가는 이야기를 나누었다.

"선생님 무슨 일을 하시는 분이세요?" 하고 노골적으로 접근해 온다. 백수로 수필을 쓰고 있다고 은근히 자랑삼아 말한다.

"예, 선생님 작가시군요. 처음 뵐 때부터 범상하지 않아 보였어요. 작품집을 상재하셨어요?" 또 띄워준다.

"예, 어쭙잖은 수필집 두어 권을 내었습니다."

"아이고! 축하드립니다. 저도 문학에 관심이 많답니다. 선생님 명함 있으시면 하나 주세요." 그러면서도 자기의 신분은 알려주지 않는다. 순간적으로 주어야 하나 망설였지만, 별일이야 있겠어 하는 마음으로 명함을 꺼낸다. 명함의 용도가 남에게 주는 것이니 선뜻 그녀에게 명함을 건넨다.

"선생님, 글 쓰신 지 오래 되셨어요?"

"한 십여 년은 더 된 것 같습니다." 그녀의 주도로 대화를 이어간다.

"선생님 웃는 인상이 참 좋아요. 글 쓰시는 분이라서 그러신가 봐요."

"아닙니다. 여사님도 대단한 미인이십니다." 장군멍군을 주고받는다. 누가 보면 대단한 꾼들의 수작이 분명하다 하겠다.

세상에 오래 살고 볼 일이다. 상상 속의 여인을 대중교통수단인 지상철에서 만나서 잠시나마 행복했으니 말이다. 오늘은 분명 일진이 좋은 날인가 보다. 오래도록 이 여자와 같이 여행이라도 하고 싶다는 되지도 않은 망상이 꿈틀댄다. 그러나 시간은 흘러간다. 다음 정거장에 내려야 한다. 그녀가 묻지도 않는데 다음에 내린다고 말한다. 여인도 아쉬운 표정이 살짝 지나간다. 그러더니 손가방에서 명함 한 장을 꺼내어 꼭 한 번 더 만나고 싶다는 말을 얹어서 나에게 건네준다. 잘 가시라는 인사를 하고 차에서 내린다. 아쉬움을 꼬리에 달고 열차는 떠나가는데 나는 멍하니 지켜보고 있다.

아차! 명함을 받았었지. 아직 손안에 있는 명함이 따뜻하다. 가만히 명함을 들여다본다.

어르신전문상담사
○○ 생명보험주식회사
대구북지점
설계사 ○○○

순간 쓴웃음이 입가로 번진다. 그런 거였어? 봄날의 남가일몽南柯一夢도 아니고 이게 뭐야. 갑자기 집에 있는 아내에게 괜히 미안하다는 생각에 번쩍 정신이 든다. 에이, 오늘은 틀렸다. 친구에게 적당한 핑계로 못 간다고 전화하고 급히 반대 방향으로 발길을 돌린다. 집에 가서 풋고추 듬뿍 썰어 넣은 부추전에 시원한 막걸리 한잔 마시고 낮잠이나 자야겠다.

창살 없는 감옥

온 세상이 앓고 있다. 어느 날 갑자기 중국에서 생긴 역병이 세상을 뒤집어놓고 있다. 처음에는 대수롭지 않게 생각했을지도 모른다. 잠시 왔다가 지나가는 역병 정도로 생각했다. 넓은 세상이 어느 한때 평온한 적은 없었지만, 이번과 같은 역병의 혼란은 처음 경험해 본다.

지난해 연말 중국 우한 지방에서 처음 시작한 코로나19(COVID-19) 바이러스 전염병은 미처 손쓸 사이도 없이 우리나라까지 번졌다. 그것도 대구 신천지교회라는 곳에서 번지기 시작하여 많은 환자가 발생하면서부터 대구의 상황이 급박해졌다. 전국의 의료진이 대구로 달려오고 대구광역시와 중앙정부의 방역 당국은 긴장하기 시작했다. 하루에도 몇 백 명의 환자가 발생하여 대구를 휩쓸고 있다.

전국에서 하루에도 수백여 명이 넘는 환자가 발생하면서 3월 말 현재 전국 환자 수가 1만여 명에 육박하고 사망자 수도 150여 명을 훌쩍 뛰어넘는다. 모두 망연자실하고 있다. 그중에서 70% 정도는 대구, 경북에서 발생하였다. 그래서 대구 경북은 기피 대상 지역이 되었고 저주받은 땅으로 인식되기 시작했다. 대구 경북 시민 모두가 문을 걸어 잠그고 두문불출의 시간이 계속된다.

아직은 우리 집안에 역병이 침입하지는 않았다. 이번 사태로 힘들지 않고 어렵지 않은 사람이 어디 있을까마는, 우리도 큰 걱정거리가 생겼다. 몇 년 전 아버지가 돌아가시고 그때부터 기력을 잃으신 어머니다. 어쩔 수 없어 연로하신 어머니께서 대구 모 요양원에 계신다. 올해 93세이신 어머니는 거동이 불편하여 요양원으로 모신 지 5년이 되었다. 매주 한 번 주말이 되면 어머니를 찾아뵙고 안부를 물으며 건강 상태를 확인하였다.

지난 구정 때 집으로 모시고 와서 설을 쇠시고 다시 요양원에 입소하였다. 그리고 일주일쯤 지날 무렵 요양원에서 면회 금지라는 통보를 받았다. 그 후로 단 한 번의 면회도 허락하지 않는다.

대체로 건강하신 편이지만, 그래도 안심이 되지 않는다. 찾아가서 뵙지를 못하니 더욱 안달이 난다. 아직 요양원에 질병이 번졌다는 소문은 없지만, 요양원과 비슷한 환경인 요양병원 몇 군데서 대량으로 코로나19 확진 환자가 속출하고 있다. 대구 한사랑 요양병원, 대실 요양병원 등이다.

창살 없는 감옥이 따로 없다. 어머니가 보고 싶어도 찾아갈 수 없다. 지금쯤 가슴 졸이며 아들 오기만을 기다리실 어머니 모습이 눈에 선하다. 거동이 불편하시니 종일 침상에 누워 계시는 어머니시다. 그래도 일주일에 한 번 아들딸 얼굴 보는 낙으로 살고 계시는 우리 어머니. 요양원에 계시는 어머니도 창살 없는 감옥이지만, 어머니를 뵙지 못하는 자식들도 넘어설 수 없는 경계선 앞에서 서성거릴 뿐이다. 모두가 죄인이고 나도 죄인이다. 눈 깜박이며 먼 산에 걸린 흰 구름 쳐다보며 아들딸 찾아오기만을 기다리시는 어머니 앞에 무릎 꿇고 사죄의 말씀도 드릴 수 없는 죄인이다. 어느 자식이 부모를 창살 없는 감옥에 가두어 놓고 편히 지낼 수 있겠는가. 잠을 자다가도 번쩍 눈을 뜨면 어머니 얼굴이 허공 중에 아련하게 떠오른다.

세상이 열리고 역사가 시작된 이래 이기지 못한 역병은 없다지만, 이렇게 무서운 역병의 시대를 잘 지내고 평상시와 같은 건강한 모습으로 환하게 웃으시는 어머니의 모습을 하루 빨리 뵙고 싶다.

어머니, 부디 건강하세요.

소확행

"아지메! 칼 하나, 빈대, 불로 주이소."

"예! 예!"

종업원들의 합창 소리가 경쾌하다. 칼국수 한 그릇에 빈대떡 한 판, 불로막걸리 한 병 달라는 주문이다. 함지산 자락의 허름한 순혜칼국수 단골집에서만 통하는 은어다.

뜨끈한 국수 국물이 시원하다. 한바탕 땀을 흘리고 나서 점심 겸 국수를 먹는다. 반주로 마시는 시원한 막걸리도 일품이고, 구수한 빈대떡은 천국의 맛이라고나 할까. 여기에 알싸한 청양고추까지 곁들여지면 금상첨화다. 뜨거운 음식을 잘 먹지 못하는 아내도 오늘만큼은 후후 불면서 잘도 먹는다.

주말 특별한 일이 없는 날이면 아내와 같이 등산화 들메끈을 조인다. 함지산으로 향한다. 지난주에는 정상까지 갔다 왔으니 이번에는 망일봉 쪽으로 발길을 돌린다. 한 주일에 한 번은 거의 빠지지 않고 다니는 산행이다.

흰 눈이 덮인 겨울 산은 겨울 산대로 좋다. 확 트인 시야에 싸늘한 공기가 시원하게 후각신경을 자극한다. 꽃 피고 새우는 봄 산은 많은 이야기가 숨어있어 발길이 늦어진다. 매화꽃, 진달래꽃 떨어진 자리에 산도화 붉은빛과 분꽃나무 흰 꽃이 발길을 잡고 놓아주지 않는다. 만화방창萬化方暢한 봄의 산길에는 숱한 전설 같은 이야기가 꼬리를 문다. 일일이 그들과 눈 맞추고 입 맞추며 걷다 보면 어느새 아내는 저만치 앞서가고 있다. 허겁지겁 뒤따르지만, 지청구 한 자락은 받아놓은 밥상이다.

젊은 시절에 많이도 쏘다녔다. 팔공산 후미지고 구석진 곳에 아내를 내버려 두고 등산 모임이다, 문학 모임이다 하며 무던히도 돌아다녔다. 35년 직장생활에 많은 친구가 있고, 대구문인협회 10년 세월에도 많은 친구를 사귀었다. KT 동우회에도, 문학단체에도 산행동아리가 있다. 그런데 요즘은 가능하면 아내와 발맞추며 가까운 산을 찾으려고 노력한다. 종심從心을 넘긴 나이에 이런저런 일에 얽히고설키기가 싫어졌다. 아니 싫어졌다기보다는 호젓한 산길을 아내와 걷고 싶다. 그냥 아무 준비도, 복잡한 가정사 생각 다 버리고 가방에 물 한 병 넣고 과일 두 덩이 챙겨 넣어서 둘러메고 나가면 끝이다. 하여 주말이면 아내도 으레 가까운 산으로 가는 줄 안다.

우리 부부의 참 좋은 점은 사소한 일에도 생각이 거의 일치한다는 것이다. 게다가 불교 신자로서의 신행활동도 같이한다. 산에 가면 절이 있고, 절에 가면 산이 있다. 노는 입에 염불한다고 산에 가는 길에 가까운 절에 들러 부처님께 간단히 삼배라도 올리고 가는 편이다.

그렇게 왕복 두 시간 반 정도 걷고 나면 몸에서 땀방울이 송골송골 솟는다. 이맘때쯤 목이 칼칼해진다.

"갈까?"

"또 거기?"

"목도 마르고…."

아내는 밀가루 음식을 별로 좋아하지 않는다. 못마땅해 하면서도 뒷소리 없이 따라온다. 그리고 호기롭게 "칼, 빈대, 불로"를 외친다. 이렇게 한 상 잘 차려서 배부르게 먹어도 음식값은 만이천 원이다. 짬뽕 두 그릇 값 정도다. 아내가 선뜻 계산을 마친다. 배도 부르고 적당히 취기도 오르고, 세상 부러울 것이 없다.

'행복은 멀리 있는 것이 아니다.'라는 지론은 옛날부터 내가 자주 해온 말이다. 행복은 코앞에 있는데 청맹과니들이 단지 발견하지 못하고 멀리서 찾으려는 데 문제가 있다. 아내의 손을 잡고 집으로 향한다. 작고 소소하지만 확실한 행복 즉, 소확행小確幸을 다시 한 번 확인해 보는 기분 좋은 날이다. 집에 가서 큰대자로 누워 오수午睡나 즐겨야겠다.

이상향은 있는가

세상이 참 무섭다. 뉴스 보기가 겁난다. 흉악범죄가 날로 늘어나고 있다. 생계를 이어가기 위한 절도죄 같은 사소한 범죄는 뉴스에서도 사라졌다. 가진 사람이 더하다고 사기 사건이 터졌다 하면 억 단위가 넘는다. 갖은 술수를 부려서 남의 재산을 제 것처럼 갈취하고 빼앗아 간다. 사회가 발전하고 문명의 이기利器가 발전할수록 흉악한 범죄는 기승을 부리고 있다.

아무런 이유도 없이 행인을 폭행하고 살인까지 저지른다. 눈길 한번 마주쳤다는 이유로 사람 목숨을 빼앗아간다. 최근 사건으로 매스컴을 뜨겁게 하는 사건이 몇 건 있다. 인천 17세 소녀의 9세 어린이 살인 사건과 강남역 묻지 마 여성 살인 사건이다. 두 사건 역시 일면식도 없는 사람을 무참하게 살인한 사건이다. 이들은 하나같이 조현병調絃病을 앓고 있다는 사람들이라고 주장한다. 게다가 존속 살해 사건도 심심찮게 일어나고 있다. 최고로 발전했다는 문명사회의 병폐를 한순간에 보아야 하는 현대인들은 괴롭다. 언제 내게 닥칠지 모르는 흉악한 범죄 앞에 몸을 도사리지만, 그런다고 피해갈 구멍조차 마땅치 않다. 국가 치안을 담당하고 있는 경찰과 검찰에서도 치안을 위해 많은 노력을 하고 있지만, 뚜렷한 성과는 보이지 않고 날로 더 기승을 부리고 있는 것 같다.

범죄라는 단어 자체가 없고 모든 사람이 공평하고 편안한 세상은 없는 것일까 하는 생뚱맞은 생각을 해본다. 그런 사회를 우리는 유토피아 즉, 이상향이라고 부르며 동경한다. 과연 세상 어디엔가 이상향은 존재하는 것일까.

종교에서는 사후 안락한 세상을 꿈꾼다. 기독교에서 천당이 그렇고 불교에서의 극락이 그런 세상이다. 한데 그들이 말하는 사후死後 세계는 정말 안락한 곳일까, 하는 의심의 생각이 문득 든다. 기독교인들은 절대적인 창조의 신을 참 마음으로 믿고 회개하면 죄 사함을 받아서 하나님 세계에서 영원한 생명을 누린다고 한다. 영원한 생명은 언제부터 어디까지인가. 한편 불교 측에서는 선한 업을 많이 쌓고 믿음으로 자기의 내면에 있는 진정한 나를 찾으면 극락세계에 갈 수 있다고 믿는다. 사시사철 아름다운 기화요초가 피어나고 아름다운 새들은 하늘에서 노래한다. 은은한 부처님의 법문이 항상 들리고 극락

궁전은 아름다운 칠보로 장식되어 있다. 아무것도 먹지 않아도 배부르다. 모든 것이 풍족하니 범죄가 일어날 수가 없다.

여기쯤에서 우리는 재미있는 실험을 본다. 미국의 어느 작은 도시에 노인들을 모아놓고 국가에서 모든 것을 지원해 준다. 모든 것이 풍족하고 불편함이 없는 세상을 만들어 놓았다. 그럼 그 노인들은 행복하게 잘살았을까. 답은 정반대 현상으로 나오고 말았다. 노인들은 다른 지역의 사람들보다 치매와 각종 성인병이 많이 발생했다고 한다. 왜일까? 모든 것이 풍족하고 불편함이 없다는 것은 삶에 대한 애착심과 꿈을 빼앗아 가버렸다. 해서 애써 머리를 써서 어떤 일을 도모하기 위해 궁리를 하지 않아도 된다. 그냥 의미 없이 살아도 모든 것이 해결되었으니 노인들의 머리는 점점 퇴화해 간 것이다. 우리가 바라는 이상향이 이런 것이라면 그것은 차라리 없는 것이 더 좋은 세상인지도 모른다.

사람은 적당히 경쟁도 하고 내 사랑하는 가족을 위해 열심히 노력하는 일 속에 행복을 찾는다. 때로는 밤잠을 이루지 못하는 고민과 어려움에 닥쳐 보기도 하고 그것들을 해결하기 위한 무한한 노력은 사람들의 정신세계를 건강하게 만든다.

어느 날 갑자기 우리가 사는 세상에 범죄라는 단어 자체가 없어졌다고 가정해보자. 당장 실직을 당해야 하는 직업군이 얼마나 많을까. 국가에는 치안담당 부서를 시작으로 일선에서 치안을 담당하는 검찰과 경찰들이 옷을 벗어야 하고 범죄자를 교화시키는 교도관들도 필요가 없을 것이다. 어디 이들뿐이겠는가. 법이라는 형태의 질서도 없어질 것이고 잘잘못을 가리는 재판이라는 사회적 구조도 없어진다.

이론적이거나 현실적으로 범죄가 완전히 사라지는 사회는 우리가 바라는 이상향의 세계에 가까우며 아주 좋은 현상이다. 하지만 범죄를 저지르는 사람들도 나름대로 이유와 변명은 있었을 것이다. 처음부터 악인으로 태어나는 사람은 없다고 한다. 끔찍한 대형 범죄를 저지른 사람이나 생계형 자잘한 범죄자라고 하더라도 그들에게도 변명할 입은 있을 것이다. 사회가, 국가가 나서야 하는 이유가 여기에 있다.

고민하고 고뇌하는 현재의 삶에 대한 이해와 노력으로 사람들은 살아가는 것이 아닐까. 이상향을 꿈꾸면서도 고뇌하는 삶이 우리를 살찌우는 자양분이 된다는 모순된 현실 앞에 갑자기 숙연해진다.

느림의 미학

달팽이다. 오랜만에 보는 녀석이다. 동그란 자기 집을 등에 진 달팽이가 배춧잎에 붙어 있다. 아침 햇살이 좋은 날, 가을 배추밭을 돌보다가 작은 달팽이를 발견하였다. 이 녀석은 식물의 연한 잎을 먹고 산다. 그래서 그런가. 달팽이가 붙어 있는 손바닥보다 큰 배춧잎 한 귀퉁이가 조금 잘려나갔다. 올해에는 배추가 흉년이라 금추가 되었다는데 아마 이 녀석이 간밤에 먹어치운 모양이다.

나는 미동도 하지 않은 채 녀석을 뚫어져라 쳐다보고 있는데, 녀석도 낌새를 알아차렸는지 미동도 하지 않는다. 그러나 녀석의 더듬이는 분주히 움직인다. 적인지 아닌지를 탐색하는 중인지도 모르겠다. 한참을 가만히 있더니 서서히 움직이기 시작한다. 자기를 해치지는 않으리라고 확신한 것 같다.

녀석이 천천히 기어간다. 녀석의 움직임은 매우 느리다. 끈적한 습기가 있는 몸으로 기어서 이동하는 녀석은 지나간 뒤에는 으레 흔적이 남는다. 한참을 기어가던 녀석은 또 움직임을 멈추었다. 왜, 그렇게 쳐다보고 있느냐고 항의를 하는지도 모르겠다.

달팽이를 보고 있으면서 상념에 잠긴다. 무엇이 그리도 바빴던가. 참으로 분주한 한 생을 살아왔다. 남다르게 집착이 강한 성격 탓인지도 모르겠다. 딴에는 열심히 산다고 생각했다. 어린 시절 못다 배운 한이 남아 있어서인지, 이일 저일 앞뒤 가리지 않고 배우고 찾아다녔다. 하여 나름대로 성과도 없지는 않았다. 그러나 때로는 나 자신에 도취되어서, 어느 때는 다른 사람이 듣기 좋은 말로 건성으로 칭찬해주는 한마디에 마냥 들떠서 살았는지도 모르겠다.

남들과 크게 다를 바 없는 소년 시절을 보내고 공무원의 길이 열렸다. 그리고 공무원 신분이 내 의사와는 관계없이 공사公社 직원의 신분으로 변했다. 꽤 괜찮은 직장이라고 했다. 그래도 무엇이 부족했던가. 아니면 남보다 앞서 나아가고자 하는 욕망 때문이었던가. 불혹不惑의 늦은 나이에 대학에서 공부하고, 다음에 대학원을 졸업하였다. 그 후엔 불교에 심취하여 포교사 자격증도 손에 쥐기도 했다. 어디 그것으로 만족했다면 아내의 마음고생은 덜했을지도 모른다. 동양철학을 배워서 내 운명을 점쳐보겠다고 정신없이 뛰어다녔고, 어느 날 신문

한 귀퉁이에서 본 수필공부 안내에 눈길이 가는 순간 또 다른 마음의 방황이 시작되었다. 하여 자서전에 이어 수필집도 출판을 하였다.

아내가 언제부터인지도 모르게 가끔 지나가는 말로 한다. "참 별난 사람이다. 연구 대상이다."라고. 그 말이 칭찬인지, 비아냥거림인지도 모르고 살아왔다. 아내도 그럴 것이다. 때로는 한번 마음먹은 것이면 무엇인가 이루고야 마는 남편이 자랑스럽기도 했으리라. 그러나 그것도 잠시뿐이었을 터이다. 이런 일 저런 일 닥치는 대로 저지르고 다니는 사내와 살면서 불안하고 조마조마하게 마음 졸이며 살아온 날이 더 많았을 것이다. 그래도 남편이니 대놓고 말은 못하고 '참 별난 사람이다.'라고 하는 것이다. 남들처럼 그 시간에, 그 열정으로 가족을 사랑하고 보살펴주지도 못할지라도 아내의 쓰린 속내만이라도 알았어야 했다. 오죽했으면 "이제는 다 같이 늙어가는 나이에 조용히 좀 삽시다!"라고까지 할까.

열심히 노력하고 뛰어다녀서 작은 무엇을 이루고 또 얻었다고 그것을 정녕 성공한 삶이라 할 수 있었을까. 인간의 단순한 눈높이 저울만으로는 계산할 수 없는 것이 인생인데 말이다. 그러고 보니 빠름의 효율성만 알았지 느림의 미학을 알지 못하고 살아왔다. 끊임없이 앞을 향해 달리는 기관차처럼 나아갈 줄만 알았지, 나를 뒤돌아보는 마음의 여유를 갖지 못하였다.

그것이 집안의 내력으로 타고난 천성 탓이라고만 치부하고 말 것인가. 잘난 체 하고 싶은 어설픈 욕심과 집착에 사로잡혀 이순耳順의 나이를 훨씬 넘긴 지금까지 겉멋만을 쫓아다녔는지도 모르겠다.

상념에 젖어 있는 사이 달팽이가 어디론가 숨어버리고 보이지 않는다. 우연히 마주한 녀석을 애써 찾으려고도 하지 않는다. 전 같으면 애써 가꾼 배춧잎을 조금 갉아먹었다고 어김없이 찾아내어 살육을 감행했으리라. 그러나 뒤돌아선다. 녀석이 뜯어먹는다 한들 얼마나 먹어치우겠는가. 한갓 미물의 습성대로 살아갈지라도 내가 가지지 못한, 그래서 이제는 아내에게 한없는 미안함으로 돌아오는 느림의 미학을 녀석은 가지고 있기에 용서를 하는 것이다.

적천사 압각수

압각수다. 압각수라고 불리는 커다란 은행나무 두 그루가 신장처럼 버티고 서 있다. 청도 땅의 주산인 남산 기슭 한쪽에 자리 잡은 적천사磧川寺 넓은 마당 입구에 두 그루의 나무가 위용을 자랑하고 있다. 적천사의 각 전각의 부처님과 보살들을 옹호하는 신장인 사천왕상이 있는데도 그 앞에 압각수 두 그루가 늠름한 자태로 지키고 서서 불보살들을 수호하고 있다.

7월 염천에 아내와 같이 적천사 부처님을 참배하러 찾아온 길이다. 안내판이 눈길을 끈다. 수령樹齡 800년이란다. 높이가 28m이고 가슴둘레가 11m라고 한다. 두 그루 모두 암나무로서 열매가 달리는 가지는 동서로 29m 남북으로 31m나 된다. 벌어진 입이 다물어지지 않는다. 오랜 세월의 무게만큼 당당한 모습이 사람들 마음을 편안하게 한다. 고려 명종 5년, 즉 1175년에 보조국사 지눌 스님이 이 사찰을 중건하였다고 전해진다. 오래된 사찰에는 으레 믿거나 말거나 한 전설이 뒤따른다. 전설에 의하면 중건 당시 보조국사께서 짚고 다니던 지팡이를 꽂은 것이 자라난 것이라고 한다.

부처님 생각은 잊어버리고 은행나무를 하염없이 바라보고 있다. 기쁨과 환희보다는 서러움과 슬프고 아픈 역사를 더 많이 가지고 살아온 민족이다. 800년 그 긴 세월 동안 용케도 잘 견디어 내면서 중생들의 온갖 풍상을 보았고 풍문으로 들었을 것이다. 고려 중엽이면 거란족과 원元나라를 세운 몽골족이 무지막지하게 쳐들어와 백성들을 도륙하던 시기였을 것이다. 백성의 삼분의 일이 살상되었다는 기나긴 전쟁이었다.

어디 그뿐이겠는가. 조선 중엽 임진왜란과 정유재란의 두 번에 걸친 왜구의 침입으로 얼마나 많은 백성이 살상되고 볼모로 잡혀갔던가. 그뿐이었다면 그나마 다행이었을까. 동족상잔의 비극을 불러온 6·25 전쟁에는 헤아릴 수 없는 많은 백성들이 희생되었다. 이외에도 일일이 다 헤아릴 수 없는 크고 작은 수많은 전란과 내란으로 백성들이 죽어갔고 큰 상처를 입혔다.

대웅전 뜰 앞으로 소복을 입은 부녀자들의 그림자가 설핏 비치는 듯하다. 끼니를 잇기도 힘든 전쟁 통에 하늘같은 지아비를 떠나보내고, 생때같은 자식을 잃고 남은 한이 그 얼마나 컸겠는가. 자식들 입에 먹일 것이 없어 동분서주하던 어려운 시절이었다. 보리쌀 한 되 정성껏 머리에 이고 부처님 전에 공양을 올리며 먼저 저승으로 간 가족의 명복이라도 빌어주고 싶었을 것이다. 아프고 쓰린 가슴을 토할 길이 없어 부처님께라도 하소연해야 했으리라. 그래야만 살아남은 사람의 한이 풀리어 험한 세상을 살아갈 수 있었을 것이다.

지아비를 전쟁에 보내놓고 밤새 등불 밑에 정화수 한 그릇 떠놓고 치성으로 날밤을 새우다가 전해지는 지아비와 아들의 전사 소식에 미치도록 서러운 삶을 부처님 전에 일일이 고하며 무릎에 피멍이 맺히도록 절하며 빌고 또 빌었을 것이다.

연화대좌 위에 앉아 계시는 부처님은 다 알고 계시겠지만, 위로의 말씀 한마디 없이 무언 법문을 하고 계시니 때로는 한 많은 중생의 눈에는 야속하게도 비쳤으리라.

달빛도 교교한 야심한 밤에 행여나 효험이 있으려나 싶어 고목이 된 은행나무 앞에 촛불 켜놓고 통곡으로 치성을 드리던 우리 엄마와 할머니이시다. 밤을 지새우고 새벽 동녘 하늘이 밝아올 때까지 얼마나 빌고 빌었을까. 두 손이 닳도록 빌고 빌어도 가슴에 맺힌 한은 그대로 남아 있었다. 남은 세월을 어떻게 살라고 통곡하며 집을 돌아가는 발길이 천근만근이었으리라.

수백 년을 한자리에서 지켜온 은행나무다. 그토록 많은 백성의 아픔을 보고 듣고도 어찌할 수 없는 은행나무마저도 제 속을 까맣게 태웠으리라. 하나 위로의 말 한마디 건네지 못하고 묵언 수행으로 지켜보아야 했던 그 숱한 세월을 어찌 감당하였을까. 그렇게 지내온 세월이 장장 800년이다. 작은 상처들이 모이면 큰 상처가 되고 큰 상처는 끝내 속을 상하게까지 하였다. 세 속을 까맣게 태우며 필부필녀匹夫匹女들의 애환을 듣고 삭혀온 세월 앞에서 이제는 고목이 되어 속을 온통 비워 버렸다.

이래서는 안 되겠다 싶었던지 자치정부에서 천연기념물 402호 보호수로 지정하고 관계 당국에서 시멘트로 속을 단단히 채워놓았다. 아무리 여문 장인의 손길로 속을 채워 넣어 외형적으로는 괜찮아 보이지만, 쓰리고 아픈 속을 어찌 다 메울 수 있겠는가. 부처님 전에 간절한 원으로 기도를 드리고 그도 부족하다 싶어 은행나무 고목 밑에서 비손을 하는 중생들의 아픔은 오늘도 계속되고 있으니 부처님 나라 불국정토는 언제쯤 우리 앞에 펼쳐지려는지 아득한 세월 앞에 옷깃만 여민다.

이 나라 백성들의 아픈 상처가 없는 세상은 언제쯤 올 것인가. 한여름 지독한 더위도 때가 되면 절로 사위어 가는 법이다. 들판에 오곡이 무르익는 계절, 적천사 은행나무 두 그루도 열매를 실하게 익어 사부대중四部大衆에게 알찬 공양하는 일을 해마다 잊지 않는다. 그때가 되면 고운 은행잎 정성스럽게 주워 책갈피 속에 고이 간직하고 싶다.

매화꽃 피면

화사한 매화꽃이 피고 있다. 며칠 전부터 한두 송이 꽃망울이 터지기 시작하더니 오늘 아침에는 완전히 매화꽃이 만발이다. 조심스러운 발걸음으로 매화 곁으로 다가간다. 매화꽃 향기가 코끝을 간지럼 태운다. 오랜만에 기분이 좋아진다. 얼마나 기다려온 봄 냄새였던가. 넋을 놓고 매화 곁에서 명상에 잠긴다. 봄꽃이야 많고 많지만 맨 처음 봄을 알리는 꽃은 매화꽃이다. 시인 묵객은 매화꽃 하면 눈 속에 피어난다는 설중매雪中梅를 이야기한다. 하지만 나는 지금까지 설중매를 본 적은 없지만, 새봄을 알리는 매화꽃이 피면 새로운 세상이 열리고 희망을 가져올 것만 같은 예감에 가슴이 들뜬다.

지난겨울을 생각해 본다. 사정없이 몰아치는 삭풍과 눈보라는 팔공산의 위용만큼이나 겨울답고 잔인하다. 땅 위에 있는 모든 것을 뒤엎어버릴 듯한 기세로 몰아치는 겨울 삭풍에 모든 것은 몸을 감추었다. 동면하는 북극곰처럼 사람도 자연도 움츠리고 숨죽이며 목숨을 이어왔다. 산꼭대기가 아니더라도 나뭇가지마다 하얀 상고대가 피어 은빛으로 반짝이지만, 모두들 죽은 듯이 엎드려 가는 시간을 죽이며 빨리 겨울이 지나가기를 기다리고 있다.

잔인한 겨울은 날씨만이 아니었다. 설상가상雪上加霜이라고 했던가. 해토머리가 가까워지는데 아내가 이상하다. 간간이 배가 아프다고 한다. 소화제도 먹어보고 동네 의원도 몇 차례 드나들었다. 의사가 처방해주는 약을 먹어도 잠시뿐이다. 내 손톱 밑에 가시는 견딜 수 없이 아프지만 곁에 있는 사람의 맹장염은 아프지 않은 법이다. 별 탈이야 없겠지 하면서 시간을 보냈다. 그 와중에 아내는 시름시름 앓고 있다.

어느 날 저녁 모임에 다녀오니 아내의 몰골이 말이 아니다. 얼굴은 부석부석하고 머리는 산발이다. 덜컥 겁이 났다. 당장 큰 병원으로 가자고 했다. 이 밤중에 어떻게 가느냐며 내일 아침까지 기다려 보자고 한다. 그렇게 또 며칠을 미련스럽게 보냈다.

미련스럽게 보낸 세월이 벌써 달포 가량을 지났다. 죽을 만치 많이 아픈 것도 아니고 그냥 기분 나쁠 만큼 아랫배가 아프다고 한다. 혹시나 싶어 산부인과 진료도 받아보았으나 그쪽에는 아무런 이상이 없단다. 그래도 여전히 배는 아프다고 호소한다. 변비약에 설사약까지 먹어보고 동네 의원을 찾았지만, 별무소득일 뿐이다. 배 아픈 것쯤이야 시간이 지나면 낫겠지 하고 미련을 부린다. 당장 큰 병원에 가서 입원이라도 하게 된다면 간간이 찾아오는 손님 뒤처리는 누가 하느냐며 차일피일 미루어 달포 가까이 지났다.

종합병원은 아니지만 제법 큰 병원을 찾았다. 지난해 위장과 대장은 내시경검사를 해서 다소 안심이 된다. 담당의사의 진찰과 권유로 복부 CT촬영을 하기로 했다. 혹시나 하는 마음에서 아내도 긴장하는 모습이다. 세상에는 험하고 힘든 병도 많아서 불길한 생각이 앞선다. 촬영을 마치고 한 시간 남짓 결과를 기다리는 시간이 한없이 길게 느껴진다. 드디어 결과가 나왔다. 아무런 이상이 없단다. 그런데도 계속 복통을 호소한다. 돌팔이 의사가 아닌가 싶기도 하지만 그래도 의사를 믿는 수밖에 없다. 집으로 돌아오는 발길이 무겁다.

내가 미련했지 싶어 자책감이 앞선다. 옛날 소를 몰아 농사를 짓는 농부도 소를 너무 많이 부려먹어 소가 지치면 평소와 다른 보신용 사료를 먹이다고 했다. 1년 365일 하루도 거르지 않고 3층 계단을 오르내리며 손님들이 남기고 간 흔적과 방청소를 감당해야 하는 아내도 지쳤을 것이다. 내가 너무 무관심했다. 겨우내 수입이 적어 적자 가계를 꾸려가고 있다 하더라도 아내에게 보약 한 재 지어주어야겠다. 그동안 무심했던 미안함과 무안함을 감추고 당장 한의원에 가보라고 아내를 닦

달한다. 한약 한 재 먹는다고 기운이 팔팔하게 살아나고 몸에 병도 금방 나을 것이란 확신은 없지만, 지금 내가 할 수 있는 것은 그것뿐이다. 아내도 한의원에 가보겠다고 한다.

주차장 한 귀퉁이에 제법 튼실하게 자란 매화나무가 서있다. 팔공산에 들어와서 이듬해 봄에 심어놓은 것이다. 사랑채를 찾아오는 손님이 많고 적음에 관계없이 매일 아침 주차장 청소는 꼭 해야 한다. 간밤에 광풍으로 몰아친 겨울바람에 온통 낙엽천지가 되고 말았다. 대빗자루로 쓸어 모으고 삼태기에 담아 소각장에서 소각하는 일은 매일 반복하는 일과다. 그 때마다 매화나무를 돌아본다. 언제쯤 매화꽃이 필까 하고 유심히 살핀다. 마치 봄소식이 전해지고 매화꽃이 활짝 피면 아내의 건강이 좋아질 것만 같다.

매화꽃이 활짝 피고 매화꽃 좋은 향기가 가득하다. 겨우내 움츠리고 살아왔던 생명 있는 모든 것들이 기지개를 켜고 깨어난다. 이제 활기찬 새로운 세상이 돌아왔다. 아내도 나도 아직은 감당해야 할 일도 많고 나이는 젊다. 구순九旬의 나이에도 자식 걱정에 밤잠을 설치시는 부모님과 세밥 빼내가 굵어가고 변성기가 오는 손자 녀석들 앞에서 아프다고 드러누울 수도 없다. 이것이 숙명이다. 보약 한 재 먹고 기운 차리고 나면 아내도 괜찮아지겠지.

2부

여름夏 이야기 넷

덥다. 여름이니까 덥다지만, 무지하게 덥다. 여름은 기상학적으로 6월부터 8월까지이다. 천문학상으로는 하지부터 추분까지를 말하고 있다. 절기상으로는 입하부터 입추까지이다. 소서, 대서가 이 계절에 들어있고 초복, 중복 말복이라는 삼복더위가 있다. 봄과 가을이 수채화의 계절이라면 여름은 유화의 계절이다. 고운 채색의 수채화가 아니라 끈적이며 덕지덕지 발라놓은 유채화가 제격이다. 그만큼 치열한 생존을 위한 삶이 녹아있다.

더위

여름날, 대구의 날씨는 유별나게 덥다. 오죽했으면 아프리

카와 같은 더위라고 해서 대프리카라고도 할까. 더워야 여름이다. 그러나 온통 살아있는 모든 것을 태워버릴 듯 이글거리며 다가오는 대구의 더위는 견디기 힘들다. 더워야 여름이라지만, 체온보다 더 높은 기온에서 살아가기가 만만하지 않다. 게다가 생업에 종사해야 하는 사람들에게는 견디기 어려운 계절이다. 옛날 어른들 말씀에 이르기를 가난하고 없는 사람에게는 살을 에는 겨울보다는 더운 여름이 견디기 쉽다지만, 사람을 한없이 지치게 하는 한여름 뙤약볕 또한 아무리 좋게 생각해도 사람을 지치고 힘들게 한다. 계절에 순환에 따라 오가는 여름이지만, 이 여름 한더위가 빨리 지나가기를 바랄 뿐이다.

소나기

찌는 듯한 더위에 지친 여름 낮, 가장 반가운 것은 뭐니 뭐니해도 한줄기 시원하게 쏟아 붓는 소나기이다. 소나기는 축 늘어지고 지친 살아있는 생물들에게 새 희망과 꿈이며 고마움이고 축복이다. 그러나 소나기의 생명은 잠시뿐이다. 여름 소나기는 황소 등 좌우를 두고 다툰다 했던가. 폭포수처럼 강렬하게 쏟아지는 소나기가 때로는 야속할 때가 있다. 그래서 더 아쉽고 그립다. 사람의 정情에도 소나기처럼 왔다가 지나간 것이 있다. 인연이 여기까지라고 체념하고 잊어버리기에는 너무도 아쉬운 정이다, 그러나 어쩌랴, 인연이 다하여 한번 지나간

정은 사람의 힘으로는 다시 되돌릴 수 없는 법이다. 야속한 사람. 그냥 잊자. 잊고 살자.

매미

여름의 소리는 뭐니 뭐니 해도 매미 소리다. 조용한 한낮에 정자 아래에서 듣는 매미 소리는 정겹다. 매미 소리도 종류에 따라 여러 가지가 있다. 그중에서도 맴맴 매~암 매~암 하고 우는 말매미 소리가 아무래도 제격이다. 몇 년 전 팔공산에서 살고 있을 때 수없이 들어온 매미 소리다. 그러나 도심의 한복판 대구에서는 좀처럼 듣기 어려운 소리가 되었다. 한데 어느 날 갑자기 가로수 밑을 지나다가 우연히 매미 소리를 듣는다. 정겹고 불현듯 지난날이 생각난다. 팔공산에서 힘들고 어려운 삶을 살고 있었지만, 갑자기 그때가 그리워진다. 아무리 어렵고 힘들었어도 지나간 날의 추억은 아름다운 것인가 보다. 그때로 되돌아가고 싶지는 않지만, 한때 우리 부부가 열정적으로 살아왔던 그 시절이 자꾸만 생각난다. 그 시절에는 우리도 젊었었다.

달맞이꽃

여름에 피어나는 꽃들은 대체로 화려하고 강렬한 색채를 띠고 있는 것이 특징이다. 그러나 달맞이꽃은 화려하지도 않고 강렬하지도 않다. 월견초라는 또 다른 이름을 알려진 달맞이꽃은 뜨거운 낮 동안 숨죽이고 있다가 밤이 되면 꽃잎을 활짝 피우고 자신의 존재감을 나타낸다. 벌 · 나비 모두 잠이 든 시간 홀로 피어나는 것은 무슨 이유일까. 천형天刑이라도 받은 것일까. 이것도 아니라면 시끄러운 세상 꼴 보기 싫어 남 다 잠든 시간 홀로 독야청청하고 있는 것일까. 옛날 어느 고을 맵시 고운 도련님이 밤하늘에 떠 있는 월궁항아 님을 지독하게 짝사랑 하다가 이루지 못할 사랑에 지쳐 마침내 죽어서 넋이 되어 달맞이꽃으로 환생한 것인가. 저녁 산책길 하얀 가로등 밑에서 만나는 달맞이꽃은 아름답다 못해 요염하기까지 하다. 그래서 나는 밤에 만나는 노란 달맞이꽃을 좋아한다.

홀씨 하나 떨어져

팔공산에 돌구멍 절이 있다. 은해사를 거쳐 백흥암을 지나 땀 한번 흘리고 숨가쁘게 오르다 보면 고만고만한 암자를 뒤로 하고 맨 마지막에 돌구멍 절이 있다. 돌구멍 절이란 흔히 부르는 이름일 뿐, 사찰의 정식 명칭은 중암암이다. 법당에 들어가려면 거대한 암석 두 덩이가 가로막는다. 천왕문이라고 씌어 있다. 어떻게 보면 돌로 된 일주문 같기도 하다. 두 암벽 사이는 한 사람이 겨우 지나갈 정도로 좁다. 그 문을 통해서 법당으로 들어갈 수 있다. 하여 돌구멍 절이라고 부르는 것 같다.

고찰이라면 으레 믿거나 말거나 한 설화가 뒤따르는데, 중암암 역시 신라 김유신 장군이 수도하는 곳이라는 이야기가 전해진다. 좁고 아담한 대웅전으로 들어가 오랜만에 부처님께 삼배로 인사 올리고 나서 김유신 장군이 먹었다는 시원한 장군

수 한 모금으로 갈증을 달랜다. 다시 힘을 내어 법당 뒤 바윗길을 오른다. 몇 번 와본 곳이지만 색다른 감회에 젖는다. 삼일암 암자 터와 자그마한 삼층석탑, 그리고 옥개석이 없는 석등 앞에서도 반배의 인사를 올린다. 자주 찾는 팔공산이지만, 이런 곳이 있었던가 싶다. 거대한 바위가 앉고 눕고 서 있다. 마지막 정상 부근 커다란 바위 틈새를 비집고 만년송 한 그루가 서 있다. 나이가 얼마나 되었는지 가늠이 되지는 않지만, 하늘을 향해 세 개의 가지를 뻗고 늠름하게 서 있는 모양새가 범상치 않은 위풍을 간직하고 지나가는 바람에 온몸을 맡기고 있다. 게다가 바위틈새를 비집고 뻗어 나간 뿌리줄기는 몇 미터나 되는지 가늠하기조차 어렵다. 팔공산 그 넓은 땅. 다 놔두고 하필이면 비좁고 척박한 이 바위틈에 자리 잡고 저리도 잘 자랐을까.

든든한 다리가 있어 양지바르고 비옥한 장소로 옮겨갈 수도 없을 것이다. 겨울철 모진 한풍 다 받아내고 여름철 무서운 태풍도 이겨냈다. 그저 척박한 이곳에서 죽을힘을 다해 얼마인지도 모를 세월을 봄으로 견디며 살아왔을 것이다. 그러자니 결코 짧지 않은 세월 동안 얼마나 신산辛酸한 삶을 살아왔을까. 아무리 힘들고 고단해도 자반 뒤집기 한번 할 수 없는 붙박이 몸으로 살아왔을 만년송이 애처로움을 넘어 안타까운 생각마저 든다. 갑자기 한 그루의 소나무가 위대해 보인다. 비록 수목일망정 두 손 모아 합장한다.

옛날 봉건사회에서는 아예 태어날 때부터 신분의 정해졌다. 양반의 자손으로 태어나면 평생을 양반으로 살았고, 천민의 자식이 되면 죽을 때까지 천민의 신분을 벗지 못했다. 그래서 왕대밭에 왕대 나고 졸대밭에 졸대 난다는 말이 생겼을까. 왕대는 평생을 왕대로 살아 온갖 호강을 누리고, 아무짝에도 쓸데가 없는 졸대는 구박과 천대 속에 자기의 삶을 스스로 개척하며 살아야 했다. 이렇듯 새 생명의 태어남에는 선택의 자유가 없었다. 우연히 좋은 환경에 태어나 얻게 된 영광된 삶은 누구에게 감사해야 하며, 자기의 뜻이 아닌데도 불행한 환경에 태어난 죄로 평생을 욕되게 살았다면 그 보상은 어디에서 받아야 하는가.

요즘 세상에 살아가는 사람 중에는 별별 삶이 다 있다. 어떤 사람은 부모 잘 만나서 어려움 없이 잘살기도 하고 어떤 이는 부모의 얼굴도 모른 채 시난고난 살아가는 사람도 있다. 그러나 분명한 것은 이들 모두가 본인의 뜻과는 무관하게 세상에 던져졌다는 것이다.

한창 감수성이 예민한 사춘기 시절이었다. 넉넉하지 못한 집안에 태어난 것에 대하여 원망하는 마음이 많았다. 그리고 부모님께 이유 없는 반항도 참으로 많이 했다. 나 자신도 감당하기 어려운 좌절감과 실의에 빠져 방황하기 시작했다. 끝내는 책임지지도 못할 자식은 왜 낳았느냐고 패악悖惡을 가슴에 묻고 살았다. 그때 부모님의 마음은 어떠했을까. 차마 말을 못 하시지만, 가슴 아파하면서 안쓰러움에 밤잠도 쉽게 이루지 못했으리라.

나도 자식들을 키웠고 손자까지 몇 명을 보았다. 누가 나에게 '당신은 부모 노릇을 제대로 했느냐.'라고 묻는다면 어떤 대답을 할까. 자식을 대학까지 보냈고 무사히 가정을 꾸려주었다고 책임을 다한 것일까? 그들에게는 진정 불만이 없었을까? 내가 지금 자식들에게 온갖 노력을 다했다고 자부한다면, 그때 부족하다고 원망했던 내 부모님도 온 정성을 쏟았을 것이 아닌가. 단지 부모는 세월을 잘못 만난 탓으로 뜻을 제대로 펼칠 수가 없었고, 넉넉한 집안에 태어나지 못함이 원인이었을 것이다.

그러고 보면 불행하다고 느낀 그때의 내 모습은 차라리 사치였다. 죽고 싶을 만큼 불행하다고 생각했던 그 시절에도 끼니를 거르지는 않았다. 때로는 정부에서 나누어 주는 구호물자 밀가루를 배급받아 수제비를 끓여 끼니를 이었을지라도 배를 곯지는 않았다. 위로 할머니와 부모가 계시고 아래로 세 동생도 있어 등 기대고 정 나누며 살 수가 있었다.

우리보다 못한 형편에서 갖은 고생을 하며 살아가는 사람을 뒤돌아 볼 눈이 없었다. 하루를 살아가야 하는 어려움이 차마 죽음조차도 미안해해야 했던 지독한 아픔이 되는 많은 사람을 보아왔다. 그래도 그들은 누구를 원망하지 않고 오늘도 온 힘을 다해 살아가고 있다. 어느 종교 자선단체의 구호가 눈길을 사로잡는다.

"얻어먹을 힘만 있어도 주님의 은총입니다!"

홀씨 하나 땅에 떨어져 싹을 틔우며 무사히 자라나기까지는 보이지 않는 무한한 은혜와 수고와 은총이 있어야만 가능한 일인 것을…….

만절필동萬折必東

세상에 동내 통반장 선거도 이렇게는 안 한다. 그까짓 권력이 뭐라고, 서울시장 · 부산 시장이 되겠다고 염치도 체면도 내던지고 벌떼처럼 나대고 있다.

처음 시작은 이랬다. 양반의 고장이라도 자칭하는 충청도 남쪽 어느 도백道伯이 수행 비서를 상습 성폭행하다가 미투METOO 열풍에 휘말려 법의 심판을 받고 그 자리에서 물러나고 말았다 여기까지는 그래도 인간이기에 실수할 수 있다고 보아 넘겼다.

한데 더 기막힌 사건이 뒤이어 태풍처럼 번져 나갔다. 500만 시민을 대표하는 ○○ 부산 시장이 여비서를 성추행하는 사건이 터지고 말았다. 처음에는 그런 일이 없다고 부인하다가 속속 증언이 이어지자 결국은 사과 성명을 내고 잠적해 버렸다.

세 번째는 더 황당한 일이 벌어지고 말았다. 1,000만 시민을 대표하는 P 서울 시장이 여비서 성추행 사건이 알려지자 결국에는 최후의 극단적 선택으로 생을 마감하고 말았다. 비슷한 사건이 세 번이나 연이어 집권당 출신의 지방장관들이 저지른 천인공노할 사건이 터지고 말았으니 입이 열 개라도 할 말이 없어지고 말았다.

여기서 그치지 않고 황당한 일이 벌어졌다. 현 집권당에서는 "정당의 공천으로 당 정치인이 자신의 잘못으로 현직에서 사퇴하면 후보자를 내지 않는다."라고 당규에 명시하고 있었다. 그러나 권력의 힘 앞에 양심이 있다고 믿은 정치인의 마음도 멍들게 한다. 결국에는 당규에 전 당원 투표라는 이상한 제도를 도입하여 이 조항을 삭제하는 해프닝을 저지르고 말았다. 그리고 장관을 지내던 사람까지 그 직을 헌신짝처럼 버리면서까지 이번 선거에 뛰어들었다. 인두겁을 쓴 사람이라면 해서는 안 될 일을 입이 열 개라도 할 말이 없을 집권당에서 후안무치가 도를 넘어 국민들의 공분을 넘어 화나게 만들고 있다.

정치인도 사람이다. 정치인이 자기의 정치적 철학과 신념으로 한 단계 더 올라가고자 하는 욕심이나 소망을 탓할 일은 아니다. 그러나 상황에 따라 양심과 체면을 차릴 줄 알아야 진정한 정치인이다. 남의 불행을 나의 행복으로 삼으려는 파렴치한 일부 정치인의 행태에 이제는 공분을 넘어서서 쓴웃음을 짓게 한다.

이래서는 안 된다. 잔여 임기 1년 2개월 정도 남은 지방장관 선거에 진정성 있는 사과도 없이 한 표를 구걸하며 자기가 가장 적합한 후보라도 떠들어 대는 모습이 무슨 괴물을 보는 것 같아 씁쓸해진다. 어느 정당의 후보가 당선될지는 아무도 모른다. 그러나 우리나라 수도와 제2도시를 대표하는 지방장관 선거가 앞으로 한 달 남짓 남았다. 어제도 오늘도 각종 매스컴에서 후보자들의 열변과 궤변이 이어지고 있다. 이런 삼류 정치가 언제쯤 끝내고 양심 있는 정당과 철학이 뚜렷한 후보자에게 국민 모두가 큰 박수를 보내며 축제 같은 선거가 이루어질는지 모르겠다.

선거라는 속성이 자기가 지지하는 정당에 정강·정책과 후보자의 됨됨이를 보고 국민들이 투표하는 것이다. 만절필동萬折必東이라고 했다. 중국의 황하강이 아무리 굽이가 많아도 결국에는 동해로 흘러 들어간다는 말이다. 국민들은 눈 부릅뜨고 지켜보고 있다. 이번 사태와 같은 일이 벌어져도 일회성 해프닝으로 붙이고 또 그 정당 후보에게 귀중한 한 표를 던지는 행위는 마땅히 없을 것이다. 그래야만 진정한 민주주의 선거가 되기 때문이다.

이번 선거에 출마한 후보자들은 각자 자기가 가진 비전과 정책을 가지고 선거에 임하고 있다. 앞으로 한 달여 남은 이번 선거에서 누가 당선되더라도 정말 청렴결백하고 도덕적으로 완전하며 시민들의 더 나은 생활을 보장하는 후보자가 당선되기를 기원해보지만, 아무래도 싹수가 노랗다. 그래도 깨어있는 시민 의식에 기대를 걸어보아야 할 것 같다.

괜히 오늘밤도 이런저런 망상으로 쉬이 잠들지 못하는 밤이 길어질 것 같다. 내가 사는 지역과는 무관한 지방장관 선거이지만, 이래서는 안 된다. 정말 이래서는 안 된다는 생각이 머리에서 떠나지 않는 밤이다.

공정비를 아는가

그대, 안녕하신가?

우리들이 살아온 인생길 70여 년을 뒤돌아봐도 가진 것은 적고 남 앞에 내세워 자랑할 것도 없는 별로 없는 초로의 늙은이가 아닌가. 그래도 젊었던 한때는 국가에 충성하고 지역사회 발전에 적게나마 봉사하며 살아온 우리들 인생을 자랑으로 여기며 살아가는 우리들은 박수를 받아도 괜찮은 일인지도 모르겠네. 그러나 늘그마에 건강이라도 잘 지켜야 자식과 가족 고생 덜 시키고 우리 자신도 편안하게 사는 것이 잘사는 것 아니겠는가. 천지신명님께 잠시 그대와 나의 건강을 빌어보네.

내 친구, 사랑하는 그대여.

언제부터인가 사람들의 입에 오르내리는 '공 · 정 · 비'라는 세 글자를 혹시 들어본 적이 있는가. 아마도 그대는 처음 들어 보는 말일 것 같네. 6 · 25 동란 때 북한에서 내려온 공비 이야기는 아니니 너무 놀라지는 마시게나. 내 간단히 일러주겠네. '세상에 공짜는 없는 법이고, 사람살이에 정답은 없으며, 비밀은 영원하지 않다.'라는 말의 첫 글자를 따서 만든 신조어라네. 뭐 신조어 하나 가지고 난리를 치느냐고 생각도 할 수 있겠지. 그러나 때로는 우리가 미처 생각하지도 못한 신조어 한마디가 우리들의 감성 깊은 곳에 들어와서 큰 귀감이 되기도 하는 예가 어디 한둘이었던가. 이 공 · 정 · 비라는 신조어 역시 한쪽 귀로 듣고 그냥 흘려버리기에는 아쉬운 무엇인가를 가지고 있으니 이렇게 장광설을 늘어놓는 이유라면 이유겠지.

첫 글자 '공空'을 살펴보기로 하세. 앞에서도 말했듯이 세상에 공짜는 없다는 말 아니겠는가. 옛말에 "공짜 점심은 없다."라는 말이 있지. 모심기 철에 과객이 들판을 지나다가 점심 한끼 얻어먹어도 그냥 일어서서 가던 길을 가지 않고 모춤이라도 몇 다발 옮겨주고, 때로는 못줄도 잡아주는 것이 예의라고 생각했었지. 어디 그뿐이겠나. 이웃집에서 고사떡 한 조각이라도 가져오면 빈 그릇으로 돌려보내지 않고 떡 담아온 그릇에 하다못해 콩 한줌이라도 담아서 돌려보내지 않았는가.

세상이 변하고 인심도 변하기는 했지. 공짜 떡고물 좋아하다가 패가망신 당하는 뉴스를 며칠 전에도 매스컴을 통해 보았지. 고희를 훌쩍 넘긴 우리에게 공짜 점심 사주겠다는 사람도 없겠지만, 공짜 점심은 고사하고 사회적 지위가 높은 사람일수록 공짜로 얻어 챙긴 떡값에 체하여 패가망신하는 일이 어디 한두 번이었던가. 그 예로 P시의 부시장까지 지낸 어느 인사 이야기는 익히 알고 있겠지. 중앙 정부 경제 담당 부서의 고위 공직자로 있으면서 수천만 원의 떡값을 받아서 꿀꺽 삼키고는 뒤에 들통이 나니 대가성은 전혀 없이 격려금으로 받았다는 그의 항변에 실소를 지었었지. 또 있지. 우리가 사는 이곳 D시 K부시장도 비슷한 이유로 옥고를 치르고 있지 않은가. 어디 그뿐이겠느냐만, 먹었다 하면 억대고 그 대가로 금팔찌 차고 매스컴에 오르내리며 그래도 양심은 있는지 얼굴 가리기에 급급해하는 모습을 심심찮게 보아도 그리 놀라지 않는 것을 보면 우리들의 도덕적 감각도 무디어질 대로 무디어졌다고 봐야 하겠지.

두 번째 글자 '정正'자 역시 심오한 뜻을 담고 있지. 다시 말해 사람살이에 정답은 없단 말일세. 이 나이가 되도록 수많은 일들을 겪고 살아오면서 '내가 옳네, 네가 옳네.' 하고 얼마나 시시비비를 가려왔던가. 그러나 이 나이가 되고 보니 지난일들이 얼마나 쓸데없는 일이었음을 이제야 깨달았다면 늦어도 한참 늦은 일이겠으나 어쩌겠는가. 어제의 옳음이 오늘의 그름이 된 일이 다반사되는 세상을 살아보았으니 늦었지만, 이제라도 다행스러운 일인지도 모르겠네. 철들자 노망난다지만, 아직은 노망날 나이까지는 아닌 듯하니 이제라도 이것이 옳다, 저것이 옳다. 라고 시비하지 말고 생긴 것은 생긴 것 그대로 보아주는 혜안이 필요하지 않겠는가. 해서 부처님께서도 여러 경전에서 사량시비思量是非를 삼가라고 경계하셨지. 그러니 복에 없는 공짜 점심 너무 바라지 말고 주머니 사정 허락하면 돌아가면서 밥 한끼 같이 먹고 우리 스스로 만들어온 분수대로 살아가세그려.

이제 마지막 글자 '비秘'자 역시 '세상에 영원한 비밀은 없다.'라는 말일세. 요즘 같은 대명천지에 영원한 비밀이 어디 있겠나 싶지만, 살다 보면 남에게 알려지기 싫고 감추고 싶은 일이야 어디 한둘이었던가. 사소하고 감추고 싶은 개인사이나 비밀스러운 개인의 가정사를 일일이 알아서 무엇에 쓰겠는가. 단지 사회의 공분公憤을 불러오는 비밀스러운 일은 하지 말아야 하지 않겠나.

한때 이 나라의 법무부 장관 자리에 있다가 민심에 떠밀려 정승판서 자리에서 밀려난 J 씨와 그 부인의 이야기도 기가 차고 코가 막힐 지경이지. 좋은 가정에서 금수저 물고 태어나 한국 제일의 S대학교 교수까지 하던 인사와, 지방 D대학교 교수를 하던 그의 아내의 추행은 가히 국보급 망신살이 뻗친 이야기가 되고 말았지. 대학 교수까지 하던 이들 부부가 자기 딸자식을 좋은 대학에 입학시키기 위해 각종 경력증명서와 상장을 위조한 사실은 아직도 법의 심판을 받는 중이지만, 그래도 제 잘났다고 뻔뻔스럽게 자기변명으로 일관하고 있는 이들 부부의 얼굴 두께가 얼마나 두꺼운지는 두고 보면 알겠지. 아마도 이 인사가 법무부 장관이 될 줄 미리 짐작이라도 했다면 이런 파렴치한 짓은 하지는 않았을지도 모르지.

어디 그뿐인가. 또 있지. 태평양 전쟁 때 일본군에 위안부로 끌려가서 인간 이하의 대접을 받으며 살아온 사람들이 있었지. 인간으로서는 도저히 감당할 수 없는 몹쓸 짓을 당한 고령의 할머니들을 앞세워 30년간 사회정의를 부르짖으며 시민운동을 하기도 했지. 그러다 어느 날 갑자기 국회의원이 되기도 한 어느 여인의 가증스러운 이야기는 국제적으로도 지탄을 받았을 뿐만 아니라 국가의 위신을 땅바닥에 패대기치고 말았다. 위안부 중 한 사람인 이용수 할머니의 기자회견 폭로로 이어진 사건이 매스컴에서 이런 일 저런 일로 일파만파 번지고 있지 않은가. 시민단체의 고발로 검찰에서 조사 중이라니 두고 보아야 할 일이지만, 아무래도 없었던 일로 치부하기에는 사안이 너무 중대한 것 같다네. 하니 우리 국민들 모두 낯을 들고 살 수 없는 꼴이 되고 말았네. 처음 시작할 때는 아무리 훌륭한 목적을 가지고 시작하였다 하더라도 수단과 방법이 정당하지 못하면 결국 파멸에 이르게 되는 꼴을 지금 보고 있지 않은가. 한낱 개인의 치부 수단으로 각종 기부금과 국가 기여금을 착복하고도 그런 일 없다고 고명 의원 부스럼 딱지 떼듯이 딱 잡아

떼면 그냥 넘어갈 줄 알았겠지. 앞에서 예를 든 사건 모두가 자기들만 알고 있을 비밀일 것으로 생각하였겠지만, 결국 만천하에 낱낱이 드러나서 망신살을 넘어 죗값을 톡톡히 치를지도 모를 지경에 이르지 않았던가.

그대여, 남의 제사에 '감 놓아라, 배 놓아라.' 입방아를 찧을 일은 못 되겠지만, 흔히 '너만 알고 있어.'라고 남의 말을 하지만 하늘이 알고 땅이 알고, 너와 내가 알고 있는데 어찌 영원한 비밀이 있겠는가. 그래도 세상에 어리석은 사람이 참으로 많은 법이지. 너와 나만 알고 있는 비밀스러운 일들이 세상에 알려져 망신살이 뻗치는 일도 수없이 많이 보았지. 옛날 구중궁궐의 그 비밀스러운 나라님들의 숨은 이야기들도 모두 밝혀지는 세상에 자기가 감춘다고 영원히 감추어질 비밀은 정녕 없다는 것이 세상의 이치가 아니겠는가.

그대여, 유행가 가사에 이런 말이 있다네. "인생사 별거더냐. 욕 안 먹고 살면 그만이지."라는 말이 새롭게 떠오르는 아침이네. 그대도 나도 사줄 사람도 없는 괜한 공짜 점심 바라지 말고 분수를 지키며, 정답이 없는 세상에 시비를 가리려고 앞서지 말고, 남에게 알려지면 부끄러운 일 만들지 말고, 욕 안 얻어먹고 남은 생을 살아가야 하지 않겠나. 그리고 하나뿐인 늙은 몸 간수 잘하고 건강 조심하여 하늘이 우리에게 허락하는 그날까지 평안히 살다 가세. 갑자기 턱도 없이 긴 이야기를 늘어놓는 내 심정을 이해하며 '허허허, 사람 참!'하며 호방한 너털웃음으로 대신할 그대를 그리워하며 오늘은 이만 안녕….

만어사

높지 않은 돌계단을 천천히 오른다. 고찰인 만어사다. 만어사는 밀양시 삼랑진읍 외진 산협에 자리 잡고 있다. 전에도 몇 차례 다녀온 적은 있었으나 억새풀 머리 풀어 손짓하는 가을날 불현듯 다시 찾고 싶다. 아내가 옆자리를 지키는 차를 몰아간다. 외진 산길을 굽이돌아 도착한 만어사는 예나 지금이나 그 자리에 다소곳이 앉아 반긴다. 밀양 8경 중 하나인 만어사 운해雲海는 보지 못하였지만, 밀양 3대 신비 중의 하나라는 만어사에 오기를 잘했다는 생각이 든다.

계단을 오르니 바로 대웅전을 마주한다. 대웅전 앞에는 보물 제466호 만어사 삼층 석탑이 다소곳이 앉아 있다. 부처님을 향해 반배를 올리고 시선은 자연스럽게 오른쪽으로 돌린다. 어느 사찰에나 있는 삼성각이 있고 그 우측으로 집채보다 큰 바위에 마애 아미타불을 장엄하게 조성해 놓았다. 절로 고개가 숙어진다. 또다시 오른쪽으로 고개를 돌린다. 이층 누각 형태로 지어진 미륵전이 눈 안으로 들어온다.

미륵전 안으로 들어간다. 많은 신도들이 경배하고 있다. 보통의 사찰 같으면 부처님상이 조성되어 있어야 한다. 한데 미륵전 안에는 부처님 형상은 있지 않고 집채보다 큰 바위 하나가 비스듬히 누워있다. 미륵 바위라고 한다. 미륵전 건물을 세우고 그 안에 바위를 넣은 것이 아닌 미륵 바위를 그 자리에 그대로 보존하면서 뒷벽을 전부 마감처리 하지 않고 건물을 지었다. 그리하여 미륵 바위가 건물을 뚫고 들어오는 듯한 모습이다. 많은 신도가 연이어 참배하고 있다. 어떤 신도는 미륵 바위 거친 표면에 동전을 정성스럽게 붙인다. 동전이 잘 붙으면 소원이 이루어진다고 믿고 있다.

미륵전을 나와 뒤를 돌아보다. 어마무시한 암괴들이 대웅전 앞 비탈면을 가득 채우고 있다. 보통 너덜이라고 부르는 크고 작은 바위 군상들이다. 역사가 깊은 고찰에는 으레 믿거나 말거나 하는 진실이 전해진다. 만어사 너덜도 예외는 아니다.

≪동국여지승람東國輿地勝覽≫과 ≪택리지擇里志≫에 따르면 옛날 동해 용왕의 아들이 목숨이 다한 것을 알고 낙동강 건너에 있는 무척산無隻山의 신통한 스님을 찾아가 새로 살 곳을 마련해 달라고 부탁하였다. 이에 스님은 가다가 멈추는 곳이

인연이 있는 곳이라고 일러주었단다. 왕자가 길을 떠나자 수많은 고기떼가 그의 뒤를 따랐다는데 왕자가 머물러 쉰 곳이 바로 이곳 만어사라고 한다. 뒤에 왕자는 큰 바위로 미륵 돌이 되었고, 수많은 고기가 크고 작은 돌이 되었다는 전설이다. 신기한 것은 이 암괴들을 작은 돌로 두드리면 종소리가 난단다. 나도 호기심을 이기지 못하고 작은 돌로 큰 암괴를 두드린다. 청아한 종소리가 조용하게 울려 퍼진다. 경외심과 함께 신비감이 몰려온다.

수억만 겁劫 전에 연등부처님으로부터 수기受記를 받고 석가모니 부처님이 되시었다. 현세의 중생들을 제도하는 석가모니 부처님으로부터 역시 수기受記를 받아 석가모니 부처님 시대가 끝나는 내세來世에 부처님으로 이 땅에 와 용화세계龍華世界 불국정토를 이룰 부처님이 미륵부처님이시다.

미륵부처님의 용화사상은 오래전부터 민초들 사이에 널리 신봉되었다. 수많은 외국의 침략과 내란으로 전쟁의 참화에 젊은 목숨을 산신제 제물로 바치고, 지독한 기아와 가난에 힘들어하고 돌림병으로 얼마나 많은 사람이 죽고 마음의 상처를 입었는가. 허덕이는 민초들은 아무리 어렵고 힘들어도 마음의 의지처를 믿고 찾으며 고통과 애환이 없는 평화의 땅을 그리며 살아왔다. 힘없고 어려운 이들의 위안처가 된 곳이 용화사상이 깃들어 있는 미륵부처님을 믿었다. 해서 지금도 도처에 미륵부처님을 주불로 모신 사찰이 많이 있다.

옛날에 비교하여 경제적 발전과 문명의 발달로 정도의 차이는 있으나 많이 좋아졌다고는 하지만, 가슴 아프고 속 쓰린 민초들은 아직도 많이 있다. 그들은 각자의 가슴에 멍울진 서러움과 애달픔을 달래 줄 진정한 용화세계를 꿈꾸고 있다. 모든 사람이 평화롭고 근심 걱정 없이 살아갈 진정 그런 세계는 언제쯤 올 것인가?

바랑 하나 등에 진 객승이 고운 단풍을 온몸으로 맞으며 만어산을 휘적휘적 내려가고 있다.

세상에나

친구여!

잘 들어보라고. 살다 살다 보니 하도 기가 막힐 일이 많아 오늘 작심하고 자네에게 하소연 한바탕 늘어놓아야겠네. 백성으로 살면서 나라의 보호를 받고 열심히 일하면서 소득을 얻어 생계를 꾸려가는 일이야 옛날부터 있는 일이다만. 피땀 흘리며 일하여 쥐꼬리만 한 소득으로 겨우 입치레하기에 급급해도 국가에 세금 내야 하는 것이야 삼척동자도 다 아는 일 아니겠나. 하나 작금의 국가에서는 소득 주도 성장인가 뭔가를 앞세워 국민들 잘살게 해주겠다고 큰소리치고 있고 최저임금 인상, 주 52시간 근무제 등을 도입하고 "사람이 먼저다."라고 시도 때도 없이 외치며 서민이 잘사는 나라를 만들겠다고 목소리를 높이고 있다만, 그것들이 성공할지는 두고 보아야 할 일이겠지. 그렇지. 암 그렇고말고.

친구여!

지금부터 내가 하는 말 자세히 들어보라고. 세상에 고고성을 울리며 한 생명이 태어나면 즉시 주민세부터 붙어 나오는 판일세그려. 살아보려고 모진 고생 다해가며 열심히 일하여 월급이라도 받을라치면 갑종근로소득세라는 명목으로 한 귀퉁이를 떼어가고, 힘들고 속상하여 담배 한 대 피워 물었더니 담뱃세를 또 물어야 한다네. 힘들고 뼈 시린 하루를 보내고 퇴근하는 길에 목로주점에서 쐬주 한잔했더니 나도 모르게 주류세라는 놈이 떡 붙어서 나오데.

여기서 조금 숨 좀 돌려볼까. 세상에 물건 값보다 세금이 더 높은 것이 담배와 술이라니 이건 숫제 날강도 같은 짓이 아니고 뭐겠는가. 그래도 나라님들은 할 말이 있다네. 국민의 건강을 위하여 세금을 높이 매겨야 한다나 어쩐다나. 그럼 아예 술·담배를 만들지 말고 판매를 하지 않아야 하지 않는 것이 논리에 맞는 일이 아니겠나.

그래도 보다 나은 내일을 위하여 아끼고 아껴서 저축이라도 하면 재산세가 따라붙고, 세상에 북한 때문에 방위세를 물어야 한다는군. 이런 일들도 힘없는 순천 백성이 감당해야 하는 짐이라고 우기면 할 말이야 없겠지.

더 황당한 세금 좀 살펴볼까. 술에 붙는 교육세는 무엇이며, 화장품 샀다고 농어촌세는 어디서 굴러온 뼈다귀 같은 괴물인

지도 모르겠군. 어설픈 장사라도 한번 해보려고 조그마한 자동차 한 대를 사도 취득세요, 자동차 등록하고 번호판 달았더니 등록세 내라고 하네. 월급쟁이 못해먹겠어서 능력대로 코딱지만 한 회사 한번 차렸더니 또 취득세는 웬 말인가.

껌 한 통 샀다고 소비세요, 하도 속상해서 집에서 쉬었더니 전기세에 수도세가 왕창 나오고, 전기 많이 썼다고 누진세라네. 어디 그뿐이겠는가. 배가 좀 아파 똥이라도 누고 나면 환경세라는 것이 괴롭히네.

친구여, 모든 것을 다 양보한다 해도 생각 좀 해보자고. 거래가 있는 것에는 어김없이 부가가치세가 따라오지. 갖은 고생 다 해가며 집 한 채라도 장만하고 살다가 살아서 자식한테 물려주었더니 증여세요, 이도 아까워 죽어서 물려주면 상속세라나 뭐라나. 어디 그뿐이겠는가. 10년 백수로 살다가 ICT 강사 자격을 얻어 가물에 콩 나듯이 한 달에 1~2번 강의라도 해서 월 강의료를 20만 원 이상만 받으면 소득세에 주민세까지 떼어가는 실정이니 어찌 살겠나.

나 원 참! 세력 있고 재산 좀 있는 놈은 절세에 탈세요, 이래저래 죽어나는 놈은 자네와 나 같은 힘없고 가진 것 없는 불쌍한 백성들뿐일세그려.

세상이 어찌 돌아가려는지 여기도 세금, 저기도 세금 타령이요, 무엇을 해도 세금, 하지 않아도 세금이라니 할 수 없어 명줄 이어가는 것이니 어쩌면 좋다는 말인가. 이러다 빛나는 청춘시절 다 보내고 우리처럼 어둑서니 묻어나는 나이 먹었다고 노인세라도 물리면 어찌될지 나도 자네도 모르는 일 아니겠는가. 썩은 서발 새끼줄이 없어 당장 목숨 끊고 이 세상 하직이야 할 수 없겠지만. 고생고생하면서 살다 어느 날 명줄 다 하여 이승을 하직하는 날이면 또 저승세에 세상 하직세까지 물리는 것 아닌지 모르겠군. 그저 허허하고 헛웃음만 나오는 것은 우리뿐만이 아니겠지. 일단 거둬드리고 보자고 덤비니 국가 세수입이 올해 1~8월까지만 해도 지난해 같은 기간보다 23조 원이 더 들어왔다는 신문 기사를 보았네그려. 이러한 실정이니 나라의 곳간은 세금으로 넘쳐나서 어떻게 소비를 해야 할지 고민하는 지경이고 서민의 지갑에는 쥐 물어갈 것도 없게 생겼다네.

친구여!

자네나 나나 신세 한탄 해본다고 하루아침에 세상 변할 일도 아니고 누가 알아주겠느냐마는 그래도 이렇게 속에 있는 말이라도 한바탕 퍼붓고 나니 속이라도 후련해지는구려.

이 침! 다시 생각해보니 글쟁이랍시고 원고료 한 푼도 받지 못하는 주제에 되지도 않은 이런 잡스러운 글 썼다고 잡글세라도 매기는 것 아닌지 모르겠군. 그저 허허 웃을 수밖에….

아무리 담뱃세 주류세가 호환보다 무서워도 서럽고 힘든 인생 담배 한 대 피워 물고 쐬주 한잔 마시며 내가 좋아하는 대구 어느 가수의 노래 가사처럼 아프고 쓰린 가슴 달래나 보자고.

개판이로소이다

참, 살다 살다 별꼴을 다 본다. 한 나라의 대통령이 사적으로 오랜 친분이 있는 한 여인에게 나라의 정치 전반을 맡기다시피 했다. 최 모 씨라는 이 여인은 대통령과 상의하여 미르재단과 K스포츠재단이라는 단체를 만들어 국내 재벌기업으로부터 수천억 원의 돈을 긁어모았다. 그리고 그 자금을 개인 재산처럼 사적으로 사용하였다. 그뿐만 아니라 국가의 막대한 예산을 횡령하였고. 심지어 국가의 인사, 예산 및 대통령의 연설문에도 손을 대었다고 한다. 나아가 대통령의 해외순방 일정까지도 간섭하였다고 온통 야단법석이다. 또한, 2년여 전에 발생한 세월호 침몰사건 당일 대통령의 일정 중 7시간이 명확하지 않아 많은 생명이 희생되었다고 온통 야단법석이다. 이러한 사태가 발생하였어도 대통령을 모신 비서실장을 위시한 수

석비서관과 대통령을 가장 가까운 거리에서 모신 소위 문고리 3인방이라는 비서들은 입이라도 맞춘 듯이 최 모 씨를 전혀 모른다고 오리발을 내밀고 있다.

드디어 국회에서는 대통령을 탄핵하고 국정조사를 실시하고 있고 헌법재판소에서 탄핵심판을 하고 있다. 어디 그뿐인가. 특별검찰을 임명하여 그동안의 대통령의 실정失政과 최 모 여인에 관련된 비리를 샅샅이 조사하고 있다. 게다가 국민은 매주 토요일이면 대통령 즉시 하야와 구속수사를 외치며 서울 광화문을 위시한 전국 각지에서 촛불시위를 벌이고 있다. 세밑 영하의 날씨에서도 아랑곳하지 않고 수십만 명에서 백만 명이 넘는 인파가 문화축제를 겸한 시위를 벌이고 있다. 시위가 무르익으면 청와대 근처 백m 앞까지 몰려가서 대통령의 즉각적인 하야와 구속수사를 외치고 있으니 아무리 구중궁궐 높은 곳이라지만, 대통령도 귀와 눈이 있으니 듣고 보고 있을 것이다.

경찰과 검찰을 비롯하여 국정원, 감사원 보안부대 등 그 많은 사찰기관은 그동안 도대체 무엇을 하고 있었단 말인가? 누구 한 사람도 대통령이 잘못된 길을 가고 있다고 진언을 드린 인사가 없었으니 참으로 한심하고 기가 찰 노릇이다. 아무것도 모르는 초야의 서민들도 이렇게 분개하여 촛불을 들고 전국에서 외치고 있는데 지금에 와서는 권력을 쥔 그들은 뻔뻔스러운 거짓말에 핑계대기와 오리발 내밀기 작전으로 법 앞에 당당하게 서 있다. 더욱 한심스러운 일은 범죄 사실이 드러나서 구속된 일부 인사들은 대통령이 시켜서 한 일이라고 대통령에게 책임을 덮어씌우고 있다.

참으로 한심한 일이다. 우리나라 그 많은 석학들과 대학교수들, 고위공직자들을 다 제쳐놓고 한 여인에게 의지하여 국가를 운영하였다니 아예 말문이 막힐 지경이다. 이래도 되는 것인가. 정말 이래도 이 나라가 바로 가고 있는 것인가. 이제까지 정치에 무관하고 권력 앞에서는 괜히 기가 죽었던 국민도 단편적으로 전해지는 그들의 국정농단에 치를 떨고 있다. 삼삼오오 모이기만 하면 국정농단에 대한 토론이 벌어지고 그들을 성토하고 있다. "개판 오 분 전이여. 시상에 이런 개판은 없어! 다 갈아엎어야 한단 말이지." 하는 이 말이 토론의 결말이라면 참으로 슬픈 일이 아닐 수 없다.

지금의 시국을 한마디로 표현한다면 '개판'이라는 말이 가장 적합한 말일 듯싶다. '개판'이라는 말은 ≪국어표준대사전≫에서 "상태, 행동 따위가 사리에 어긋나 온당치 못하거나 무질서하고 난잡한 것을 속되게 이르는 말"이라고 정의하고 있다. 그러나 혹자는 다른 해석을 내리고 있다. 즉 옛날 전쟁터에서 군사들이 전쟁하다가 식사 때가 되면 군사들이 먹을 밥을 큰 통에 담아서 뚜껑을 덮고 운반해 온다고 한다. 이때 군사들에게 밥을 나누어 주기 위하여 나무판자로 된 밥통 뚜껑을 여는 것을 개판開板이라고 한단다. 밥통 뚜껑이 열리고 배식이 시작되면 군사들은 언제 무슨 상황이 벌어질지 알 수 없는 상황이었으니, 한술 밥이라도 빨리 얻어먹고 다음 전쟁에 대비하여야 하였으므로 너나 할 것 없이 배식 장소에서 야단법석을 부렸을 것이다. 그래서 개판이라는 말이 전해져 왔는지는 알 수 없겠으나 지금의 작태는 분명 개판인 것은 분명한 사실인 것 같다.

우리는 지금까지 약 30년에 걸쳐서 5년마다 한 번씩 대통령을 선출하였다. 지금의 대통령 선거를 앞두고 있을 때 나의 두 번째 수필집에 졸작 〈현어〉라는 글을 썼다. 나는 이 글에서 "올해 말이면 또 한 명의 대통령을 우리는 뽑아야 한다. 벌써 대통령 선거에 출마를 희망하는 인사들이 뉴스의 앞자리를 차지하고 있다. 모두 자기만이 애국자이고 국가와 국민을 가장 부강하고 행복하게 하겠다고 야단들이다. 그러나 제발 이번에 선출하는 대통령만은 정말 현어懸魚라는 단어를 빛내는 그런 대통령이었으면 하는 소박한 희망을 품어본다."라고. 그렇게 소박한 희망과 굳은 믿음을 가지고 뽑았던 대통령이 온통 나라를 망쳐놓았으니 누구를 탓하겠는가.

그렇다고 절망만 하고 있을 수는 없다. 우리 배달민족은 어려운 일이 닥칠 때마다 슬기롭게 잘도 헤쳐 나왔다. 아무리 외적이 쳐들어와서 온 나라를 분탕질 쳐도 꿋꿋하게 견디어 냈다. 서슬 푸른 군사독재 정권도 두 번이나 견디어 내었고

IMF의 시련 때도 금붙이 모으기로 세상 사람들을 깜짝 놀라게 하면서 이겨냈다. 개판이 되어버린 현재의 정치판이라고 하지만, 잠시 국가가 흔들릴 뿐이다. 우리는 잠시 혼란스러운 이 사태가 수습되고 나면 다시 훌훌 털고 일어나 국가부흥을 외치며 각자 맡은 일에서 열심히 일하며 살아갈 것이다.

위기 속에 기회가 있다고 했다. 이대로 주저앉아 한탄만을 하고 있을 우리 민족 대한민국이 아니다. 죄를 지은 사람은 죗값을 치를 것이고 우리는 기필코 다시 일어서야 한다.

놋수저

때는 여름이다. 집 앞 미루나무에 까치가 집을 지었고 새끼라도 까놓은 듯 부산한 기운이 가득하다. 태풍이 몰려온다는 뉴스가 끝나기 전에 하늘의 전쟁은 시작되었다. 검은 먹구름이 가득 몰려오고 거센 바람도 뒤를 잇는다. 그것도 잠시였다. 금방 천지를 뒤흔들고 세상을 다 집어삼킬 듯한 폭풍우가 쏟아진다. 태풍이 몰고 온 폭풍우는 하루 이틀 시간이 지나가면 조용해지겠지만, 세상이 어떻게 되려고 이러는지 모르겠다. 일부이기는 하지만, 나라의 기둥인 젊은이들은 희망을 잃어버리고 백척간두에 서있다.

처음에는 삼포 세대三抛世代라고 했었다. 강은철의 노래 〈삼포 가는 길〉을 줄여서 하는 말인 줄 착각했다. 하나 그것도 잠시의 착각이었다. 20~30대 젊은 세대들이 치솟는 물가와 등

록금, 취업난, 천정부지의 집값으로 인해 연애, 결혼, 출산을 포기한 세대를 일컫는 말이라고 했다.

다시 오포 세대라는 말이 뒤를 이어받았다. 삼포 세대의 연애, 결혼, 출산의 포기에 인간관계와 내 집 갖기를 포기한 세대를 일컫게 되었다. 여기까지만 해도 호사가들의 입방아려니 하고 있었다. 그런데 한 발 더 나아가 칠포 세대가 사람들 입에 오르내린다. 오포 세대에 꿈과 희망마저 포기한 세대란다. 이렇게 불안한 사회를 묘사한 단어들의 발전에 지쳤는지 드디어 N포 세대까지 이르게 되었다. N이란 원래 자연수인 natural number의 약자이다. 어떤 숫자라도 들어갈 수 있는 무작위적인 불특정의 수를 나타내는 말이다. 소위 88만 원 세대, 혹은 민달팽이 세대라고 하는 사람들을 일컫는 부정적인 말이다. 이렇게 N포 세대는 인간이기를 포기한 절망의 정점에 서 있는 말이 되고 말았다.

본래 사람들이 모든 것을 부정적으로 보기 시작하면 끝이 없는 법이다. 삼포 세대에서부터 N포 세대까지 부조리한 우리나라 현실을 직시하고 비꼬아 급기야 헬조선이라고까지 말하게 되었다. 영어로 Hell은 지옥이란 말이다. 즉, 우리나라를 일컬어 지옥 같은 한국이라고 부르는 신조어가 되었다. 헬조선이라는 말을 가져오게 한 사례는 많다. 신조어는 그냥 생기는 것이 아니다. 열정페이라든지, 무급 인턴, 비정규직, 취업난 등이 가져온 젊은이들의 자조 섞인 푸념이다. 이중에서도 열정페이란 말의 뜻은 자기가 열정적으로 좋아하는 일에 대한 경험을 급료 대신 주겠다는 것이다. 당연히 좋아하는 일을 하려면 돈을 받지 않아야 한다는 뉘앙스가 담긴 말이다.

헬조선이 아예 탈조선脫朝鮮으로 변하는 세상이다. 미래가 보이지 않은 우리나라를 버리고 외국으로 떠나가자는 주장이다. 이쯤 되면 막가는 세상이요, 나라의 장래가 암담할 수밖에 없는 일이 되고 말았다.

성과주의를 바탕으로 하는 자본주의 사회에서 빈부의 격차는 어쩔 수 없는 모순이라고 하더라도 작금의 우리나라 현실은 너무도 큰 충격으로 다가온다. 소위 금수저라는 말로 대변되는 사람들이 있다. 태어나면서부터 억대의 재산을 물려받는다는 사람이다. 금수저를 입에 물고 나온 사람이야 극소수에 해당된다 하더라도 이보다 조금 못 가지고 태어난 층을 은수저라고 부른다. 금수저는 못 되어도 은수저를 가졌어도 꽤 괜찮은 족속이다. 하나 부모님으로부터 전혀 도움을 받지 못하는 사람들은 흙수저 족속이라고 부른다. 문제는 흙수저를 입에 물고 태어난 젊은이들이 전체의 대다수를 차지하고 있어 사회적 문제로 대두되고 있다.

개천에서 용난다는 말은 박물관 유물 전시실에서나 찾아볼 수 있는 말이 되었다. 흔히 우스갯소리로 하는 말이겠으나 나이 어린 학생이 공부를 잘하고 출세를 하려면 할아버지의 재력과 아버지의 무관심과, 엄마의 극성이 있어야 된다는 말이다. 할아버지의 재력으로 뒷받침되어야 소위 출세를 한다는 말은 금수저나 은수저 정도는 입에 물어야 한다는 말이다.

나무 위에 집을 짓고 사는 새들도 폭풍우를 만난다. 그래도 그들은 지혜로운 삶으로 둥지 안에 가만히 엎드려 그 시기를 잘 넘기고 살아남는다. 그러나 우리 젊은이들은 폭풍우처럼 몰아쳐 오는 자본주의, 물질만능주의 시대 광풍을 온몸으로 맞서며 살아가고 있다. 하루살이 아르바이트가 전부인 그들에게 어쩌면 헬조선, 탈조선이란 말 자체도 사치인지 모르겠다. 청년 실업률이 10%가 넘는다는 지금의 젊은이들도 문제지만, 앞으로 커 나가는 아이들이 더 걱정이다.

오늘도 아내가 30여 년 전에 마련해 준 놋수저로 밥을 먹는다. 금수저 은수저는 아니지만, 그렇다고 흙수저는 더욱 아니니 놋수저로 밥을 먹는 나는 행복한 사람인가.

귀한 선물

“큰아버지. 만년필 필요하실까요? 아무래도 큰아버지가 필요할 것 같아서요.” 아내를 통해서 반가운 소식을 전해 들었다. 멀리 떨어져 있는 조카가 고급 만년필 하나를 구하게 되었다고 한다. 저는 별로 쓸데가 없으니 대외 활동이 많은 큰아버지께 선물을 하겠다고 전갈이 온 것이다. 뜻밖의 선물 소식에 반가움이 앞선다. 며칠 후 인편을 통해 전해온 선물을 받는 순간 눈시울이 붉어진다. 선물이란 그 물건의 값어치와 관계없이 주어서 즐겁고 받아서 고마운 것이라지만, 이번 선물의 의미는 참으로 남다르다.

육각형 별 모양이 뚜껑 꼭대기에 선명하게 새겨진 독일제 몽블랑(MONT BLANC) 만년필이다. 거북이 모양의 유리병에는 잉크가 가득 담겨있다. 옛날 만년필 잉크색은 푸른색이었으나 검은색 잉크다. 조심스럽게 뚜껑을 열고 잉크를 채운 후 글씨를 써본다. 오랜만에 만년필로 써보는 글씨가 조금은 어색하지만, 묵향이 풍기는 듯 검은색 글씨가 뚜렷하다. 값비싼 선물을 받고 나니 누구에게라도 자랑하고 싶고 어디에든지 글씨를 써보고 싶은 마음에 쉽게 잠 못 이루는 긴 밤을 보낸다. 조카가 아니었으면 내 형편에 언감생심 만져볼 수도 가질 수도 없는 귀한 물건이다. 늘그막에 얻은 귀한 선물을 남은 삶 동안 귀한 보물로 삼고 싶어 책상 서랍에 고이 간직한다.

하나밖에 없는 조카다. 명색이 큰아버지라고 제가 성장하는 데에 뚜렷하게 큰 도움을 준 기억이 별로 없다. 단지 제가 어릴 때, 명절이나 제삿날이 되면 내 차에 태우고 다녔다. 또 내가 모 대학 학생회와 동창회 일에 관여하고 있을 때 가을 운동회가 끝나고 나면 축구공이나 배구공 같은 것을 가져다주기는 했다. 넉넉하지 못한 형편에 내가 조카를 위해서 할 수 있는 조그마한 성의였다. 조카가 어린 날의 조그마한 일들을 기억하고 있었던가. 귀한 선물을 전해주는 녀석의 마음이 고맙고 기특하기만 하다.

옛날 초등학교 4학년이 되면서부터 펜글씨를 쓰기 시작하였다. 그동안 연필로 글씨를 쓰다가 잉크를 찍어 뾰족한 펜으로 쓰는 글씨가 제대로 될 턱이 없었다. 그래도 상급생이 되었다는 자부심과 펜으로 글씨를 써야 서체가 고와진다는 어른들의 말씀에 열심히 펜글씨를 썼다. 먹을 가까이하면 검어진다는 속담처럼 손에는 푸른색 잉크가 묻어 얼룩지기 일쑤였다. 실수로 잉크를 엎질러 옷에 얼룩이 지기도 하였으나 훈장처럼 여기고 개의치 않았다.

기억도 가물가물하지만, 부산에 있는 중학교에 들어가고 싸구려 만년필도 가져보았으나 신통치가 않았다. 그러다 어느 날부터인가 우리는 볼펜이라는 문방구를 잡기 시작했다. 이전까지 까칠하고 불편했던 펜과는 비교되지 않았다. 그것은 매끄러운 촉감에 잉크병을 별도로 소지하지 않아도 되는 간편함까지 가지고 있었다. 그리고는 잉크를 찍어 쓰는 펜을 영원히 잃어버렸다.

올해 여름 내가 소속되어 있는 수필과비평작가회의 하계세미나에서 천안 백석대학교에 있는 현대시박물관을 관람하였다. 시인 김재홍 선생님이 평생을 공들여 수집한 우리나라 근대 초기 작가들의 문학작품과 그분들의 육필 원고가 오래도록 눈길을 놓아주지 않는다. 옛날 원로문인들은 원고지에 일일이 펜이나 만년필로 꾹꾹 눌러 글을 썼다. 그리고 그 원고지를 출판사에 보내어 한 권의 책으로 탄생하였다.

시대의 변천과 IT기술의 발달로 문학에도 큰 변화를 가져왔다. 지금은 너나 할 것 없이 펜으로 글을 쓰는 사람은 드물다. 모두 컴퓨터로 글을 쓴다. 모든 출판사에서는 육필 원고를 사양하고 인터넷으로 원고를 접수하고 있기 때문이다. 우리 세대는 처음 문학공부를 할 때부터 컴퓨터로 글을 써왔기 때문에 나 역시 컴퓨터로 글을 쓰는 것에 익숙해 있다. 시대의 변천 앞에 현대의 원로 문인들도 어쩔 수 없었을 것이다. 노구와 노안에도 불구하고 어렵게 컴퓨터를 배우고 어쭙잖은 솜씨로 컴퓨터로 글을 쓰고 있다.

요즈음에는 습관처럼 만년필을 속주머니에 간직하고 외출을 한다. 혹시나 해서다. 하나 역시 만년필을 사용할 기회는 좀처럼 찾지 못한다. 갑자기 조카에게 미안한 마음이 앞선다. 어쩌다 큰 모임에서 방명록에 이름 석 자 남기는 것이 귀한 만년필의 소임이라면 참으로 미안하고 면목 없는 일이다. 그러나 조급해하지는 않는다. 오래지 않아 또 한 권의 수필집을 꾸밀 계획을 세우고 있다. 그때가 되면 이 만년필로 독자들에게 곱게 서명할 기회가 있을 것이라 믿고 있기 때문이다.

소나무

시절時節은 분명 봄인데 봄 같지 않은 날씨가 이어지더니 갑자기 봄기운이 확 풍겨온다. 오랜만에 등산용 가방을 둘러메고 대구 칠곡 함지산을 오른다. 등에서 촉촉하게 땀이 돋아날 정도로 빠른 걸음이다. 산중턱 언덕바지를 지나 또 한 모퉁이를 건너뛴다. 이런 속도라면 망일봉望日峯 정상도 얼마 남지 않았다.

소나무 숲속이다. 겨우 4~50여 분을 올라왔을 뿐인데 겨우내 쉬어서 그런가. 다리에 힘이 빠지고 몸에는 기운이 없다. 눈을 들어 주위를 살핀다. 적당히 쉴 만한 곳을 찾는다. 조금 떨어진 곳에 맞춤한 쉼터가 보인다. 그렇지. 몇 년 전에도 여기서 쉬어간 적이 있다. 희귀하게 생긴 소나무다. 밑동의 굵기가 한 자 가량 되어 보이는 평범하고 구부러진 흔하게 볼 수 있는 토종 소나무다. 한데 지상에서 한 자 반 정도 올라와서 옆으로 튼실한 가지 하나가 땅과 수평으로 뻗어있다. 사람이 걸터앉기에 딱 맞는 위치다. 스스럼없이 소나무 가지에 몸을 맡기고 얼굴을 훔친다.

아무리 생각해보아도 이상하게 생긴 나무다. 보통 나뭇가지는 본체에서 뻗어 나와서 비스듬히 하늘을 향하여 뻗는다. 지금 걸터앉아 쉬고 있는 이 소나무 가지는 특이하게도 옆으로 가지를 뻗쳐 땅과 수평을 이루고 있다. 소나무 가지를 유심히 살펴본다. 겉껍질이 반질반질하게 윤이 난다. 그동안 수많은 사람이 쉬고 간 흔적이다. 그래도 나무는 싫다거나 귀찮다는 내색 한번 보이지 않고 못생긴 그대로 그 자리를 지키고 있다. 오래 앉아 있기가 미안해진다. 어떤 인연으로 이 소나무 가지는 이렇게 지나는 길손에게 잠시의 쉼터를 주고 있는 것인가.

잠시 나를 뒤돌아본다. 적잖은 생을 살아오면서 내가 누구의 의지처가 되어본 적이 있던가. 갑자기 내가 평소에 즐겨 암송하던 안도현의 시 〈너에게 묻는다〉가 입에서 절로 흘러나온다.

"연탄재 함부로 발로 차지 마라/ 너는 누구에게 한 번이라도 뜨거운 사람이었느냐/"

'자신의 몸뚱이를 다 태우고 뜨끈뜨끈한 아랫목을 만들던/ 저 연탄재를 누가 함부로 찰 수 있는가 자신의 목숨을 다 버리고 이제 하얀 껍데기만 남아 있는 저 연탄재를 누가 함부로

발길질할 수 있는가.'

말없는 소나무 한 그루도 지나는 길손의 쉼터가 되어주는데 나는 그동안 어떻게 살아왔는가. 사람에게는 절대적인 선도 악도 없다고 한다. 때로는 천사 같은 착한 마음으로 불쌍한 사람을 돕다가도 부지불식간에 나쁜 마음을 갖기도 하는 것이 사람이다. 그런 면에서 생각해 보면 나 역시 범부와 다를 것이 없는 평범한 생을 살아왔다. 나름대로 불쌍한 이웃에게 작은 정성을 담은 선물을 건네주기도 하고 한때는 아프리카 기아돕기 운동이나 불우이웃돕기 운동 같은 일에도 몇 년간 동참한 적이 있었다. 또 길거리 걸인이나 탁발하시는 스님에게 돈 몇 푼을 건네준 적도 적지 않았을 것이다. 하지만 진정으로 측은지심으로 동참하였느냐는 질문에는 자신이 없어진다. 때로는 얼마 안 되는 돈 때문에 양심을 속이고 비굴해지는 일도 없다고는 할 수 없이 살아왔다.

직장에서 물러난 지도 10여 년이 더 지났다. 가진 것이 점점 작아져 노후를 걱정해야 하는 나이에 누구를 도울 수 있을까마는 돈으로만 불쌍하고 어려운 사람을 돕는 것이 아님도 알고 있다. 그렇다고 따뜻한 미소와 포근한 마음으로 주위 사람들을 편안하게 했는지에 대해서는 여전히 의문부호가 남는다. 가진 것을 비울 때 마음에는 행복이 가득해진다는 말을 수없이 들어왔다. 가진 것을 비운다는 의미는 무엇이며 어디까지일까.

사람 인人 자를 생각해 본다. 글자를 자세히 보면 우측이 삐딱하게 누운 획 하나와 좌측으로 기울어진 획 하나가 만나서 사람인 자를 이루고 있다. 왜 하필이면 사람 인 자를 이렇게 썼을까. 흔히 사람은 독불장군이 없다고 한다. 이웃과 더불어 의지하면서 살아가라고 사람 인 자를 이렇게 만들어졌다고 한다. 내 비록 가진 것은 적지만 아직은 살아있는 푸른 눈과 따뜻한 마음이 있으니 누구에게 작은 의지처가 될 수도 있었으면 참 좋겠다.

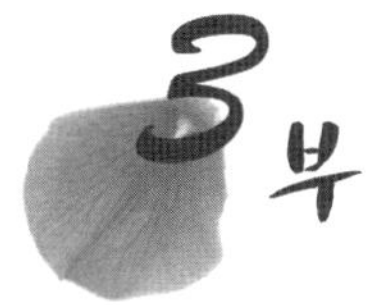
3부

가을秋 이야기 넷

가을이다. 낭만의 계절이 왔다. 옛 어른들이 이르기를 가을은 땅으로는 귀뚜라미와 함께 오고 하늘에서는 구름을 타고 온다고 한다. 티 한 점 없는 높고 푸른 하늘이 가을의 모습이다.

봄이 가면 여름 오고, 여름 뒤에는 가을이 오는 것은 자연의 법칙이다. 우리는 자연의 계절을 거슬러 살아갈 수는 없다. 그래도 각자가 좋아하는 계절은 있을 것이다. 대구의 가을은 짧다. 한여름 뜨거운 열기의 기승이 좀처럼 시들어지고 살기 좋은 가을이 왔다고 느끼면 어느새 겨울이 온다. 나는 가을을 제일 좋아한다. 그래서 가을을 타는 남자다. 가을만 되면 울적해지고 어디론가 훌쩍 떠나고 싶은 몸살을 오래도록 앓아왔다. 올해 가을에는 또 어디로 달려가고 싶어 안달이 날까.

여행

가을에는 어디론가 떠나고 싶은 충동의 계절이다. 주머니 사정이 허락한다면 마음껏 세상을 누비고 싶지만, 그게 어디 쉬운 일인가. 화려한 백수 생활 10년도 더 훨씬 지났으니 해외여행 같은 장거리 여행은 언감생심 꿈도 못 꾼다. 어쩌다 원근의 대소가 집안 길흉사가 있을 때면 어쩔 수 없이 다녀오는 것이 고작이다. 해도 그냥 이 가을을 보낼 수는 없다. 주말이면 아내도 슬슬 내 눈치를 살핀다. 간단한 복장으로 떠난다. 당연히 당일 귀가하는 간단한 여행이다. 문학기행으로 나 혼자만 다녀온 곳을 아내와 같이 다시 찾아간다. 그래도 아내는 좋아한다. 경주 남산도 가고 문경새재와 고령 대가야박물관도 찾는다. 오가는 길 고속도로 휴게소에서 적당히 때우는 점심 한 그릇에도 아내의 사랑이 담긴다. 내일은 또 어디로 가야 할지 방향을 아직 잡지 못했다.

코스모스

계절마다 피는 꽃은 나름대로 아름다움을 가지고 있다. 봄꽃은 나름대로 순박하고 청순한 아름다움이 있고 여름꽃은 화려함의 극치를 자랑한다. 가을에 피는 꽃이 그리 많지는 않지만, 역시 가을에는 코스모스가 제격이다.

아주 옛날 일이다. 까까머리 시절, 서울에 살 때 공무원시험에 합격하고 대구로 발령받았다. 부득이 부임 전날 대구역 앞 여인숙에서 1박을 하고 나온다. 상쾌한 가을 아침 기운이 물씬 코끝을 스친다. 그 아침에 모 여가수가 부른 "코스모스 한들한들 피어 있는 길…." 하는 노래가 귓전을 파고든다. 그때 들은 노래를 오래도록 기억한다. 군에서 제대하고 결혼 적령기가 되어 아내를 맞는다. 역시 코스모스를 닮은 그녀가 오늘 아침상을 차려준다. 나는 행복한 남자다. 코스모스를 닮은 그녀와 같이 대구 금호강 하중도河中島 꽃밭을 찾아가고 싶다. 그곳에는 아내를 닮은 가을꽃 코스모스가 지천에 널려있다.

감

파란 하늘에 붉은색 감이 주렁주렁 달려있다. 감나무 잎은 온통 붉게 물들었다가 자연으로 돌아가고 진홍색 감이 고운 모습으로 교태를 뽐내고 있다. 한 입 베어 물고 싶은 충동이 강하게 일어난다. 달착지근한 붉은색 홍시나 곶감을 싫어하는 사람은 아무도 없을 것이다. 나는 감을 지독히도 좋아한다. 내가 태어난 고향도 감이 유난히 많이 나는 경상도 상주 땅이다. 우연일까. 처가도 감 많기로 소문난 충청도 영동 땅이다. 고향을 떠나온 지 오래되어 감나무 한 그루 없지만, 일가친척들을 찾아가면 지금도 실컷 얻어먹을 수 있어 좋다. 처가댁에는 아직 감나무가 있다. 가을이면 망태 메고 장대 들고 감 따러 가는 일도 잦다. 몇 바구니 따다 저장해 놓으면 일 년 농사는 충분히 된다. 다음 주말에는 모든 일 제쳐놓고 감이나 따러 가야겠다.

한가위

가을 세시풍속으로 한가위 명절이 있다. 둥근 달 아래 모인 가족들이 풍성한 음식과 함께 정담을 나눈다. "더도 말고 덜도 말고 한가위만 같아라."는 옛 속담이 새삼스럽지 않다. 올해 추석에도 어머니를 모시고 와야 한다. 구순을 넘기신 어머니는 우리 사정이 여의치 못하여 요양원에 모신 지 1년 가까이 된다. 평소 자주 찾아뵙기는 하지만, 명절에는 집으로 모셔야 한다. 한가위 전날이다. 아침 일찍 방문하여 자동차로 모셔온다. 어머니가 도착하면 3층 집까지는 건장한 아들이 업어서 올라온다. 그래도 어머니가 계시니 집안의 훈기가 가득하다. 명절이라고 찾아온 동생들과 손자손녀가 할머니 곁으로 바싹 둘러앉는다. 언제까지일지는 모르지만, 어머니 건강하시어 오래오래 우리 곁에 살아 계시기를 소망하며 둥근 보름달을 향해 비손을 모은다.

목화꽃 향기 되어

남자가 조금은 별스럽게 야생화를 좋아해서 아파트 베란다 창가에 야생화를 화초로 가꾸고 있다. 비교적 적지 않은 50여 개의 화분에 철따라 피는 야생화가 귀엽고 앙증스럽다. 야생화는 각자 나름대로의 특성과 개성을 가지고 있다. 그중에서도 목화꽃에 대한 애정이 남다르다.

한집에 같이 사는 아내도 목화꽃을 유별나게 좋아하는 이유를 알지 못한다. 꿈에 목화밭을 자주 만난다. 가을이 다 지나갈 무렵 비탈진 뙈기밭 가득 찬 목화밭이다. 수명을 다하여 바짝 말라가는 줄기와 가지에 눈송이처럼 하얗게 달린 목화다. 거기에는 목화를 따는 할머니가 계신다. 검은색으로 물들인 치마는 목화 속에 가려 보이지 않고 하얀 무명 저고리 입고 목화 따는 할머니가 보인다. 할머니는 그렇게 살았다. 그렇다. 정녕 할머니는 목화이셨다.

할머니는 열네 살의 어린 나이에 열다섯 살 신랑을 서방님으로 맞아 시집왔다. 열일곱 되던 해에 첫아들을 출산한 후, 하늘같이 믿고 살았던 서방님은 돈 벌어 오겠다고 훌쩍 일본으로 떠났다. 아직은 열여덟 새색시였던 할머니는 일본으로 떠나는 서방님에게 작별의 인사도 제대로 하지 못하고 운명처럼 순종하며 살았다. 서방님 떠나가신 지 십여 년 만에 서방님이 잠시 다니러 와서 둘째 아들 하나 더 만들어 주고 또 바람처럼 떠나갔다.

시집살이 아무리 힘들다 해도 서방님을 낳아주신 친시부모, 서방님이 양자 들어간 양시부모 네 분 어른들을 한 집안에서 모시고, 철없는 시동생, 시누이와 밤톨 같은 두 아들 의지하고 살았다. 할머니는 서방님의 정을 모르고 살다 보니 자식에 대한 애착이 어느 부모보다도 더 유별났다. 본래부터 자손이 귀한 집안의 내력으로 한 대 건너 한 대, 양자로 대를 이어온 집안인지라 아들 형제 점지해 주신 조상님들께 감사하는 마음으로 살았다. 그러다 해방이 되고 일본에서 돌아오신 서방님이 채 3년도 같이 살지 못하고 사후에 맹장염으로 추정되는 병으로 마흔 살도 안 된 나이에 세상을 떠나고 말았다.

예나 지금이나 농촌 살림살이야 다 그렇고 그런 것. 살림살이 형편이 그렇게 어렵지는 않았다지만 밭에서 하는 일 중에 밭을 가는 쟁기질 같은 험한 일을 제외하고는 거의 여자들 몫이었다. 밭일 중에서도 목화를 따서 물레 돌려 실을 뽑고 베틀을 매어 베 짜는 일은 전적으로 할머니 몫이었다.

첫아들 열여덟 살에 장가보내 이듬해 첫손자 보았으나 첫돌도 지나기 전에 저세상으로 보내고, 두 번째 손자로 내가 태어났다. 첫손자를 허무하게 잃어버리고 얻은 두 번째 손자인 나는 선천적으로 몸이 매우 약했다. 그런 나에게 할머니가 쏟은 정성은 참으로 대단했단다. 첫돌을 얼마 앞둔 어느 날부터 불덩이 같은 열병으로 사경을 헤맬 때, 할머니는 어머니를 제쳐놓고 몇 날, 며칠 동안 밤낮 가리지 않고, 업고 안고 간호하시다 돌 전날 밤 깜박 졸았다는데 꿈속에 백발노인이 나타나서 "새벽닭이 울 때까지만 지나면 죽지 않는다. 새벽 첫닭 울 때까지 정성을 다해 간호해라."라고 하셨단다. 드디어 첫닭이 울고 날이 밝았다. 돌 날 아침부터 차차 열이 식어 갔다. 모두 조상님들의 덕이라고, 조상님들의 음덕으로 손자 하나 건졌다고 할머니는 항상 입버릇처럼 말씀하셨다. 그 후로도 툭하면 잔병치레를 하는 손자는 애물단지였겠지만 간호하고 보살피는 것을 낙으로 삼고 사셨다.

아무리 손자가 귀여워도 할 일은 해야 했다. 그럴 때 할머니께서 항상 나를 옆에다 두고 일을 하였다. 집안에서 하는 일이야 그렇다 하더라도 바깥 들일을 할 때에도 항시 데리고 다녔다. 목화밭 김맬 때에도 나는 할머니 곁에 있었고, 목화를 따는 가을철에도 코를 훌쩍이면서 할머니 치마폭을 잡고 졸졸 따라다녔다. 그렇게 할머니를 따라다니는 것이 버릇처럼 되었다.

때를 잘 맞추면 덜 익은 목화 열매를 참으로 많이도 따먹었다. 그것을 우리는 목화 다래라 했다. 군것질이 귀하던 시절 목화 다래도 훌륭한 먹거리였으니 쌉스름하면서도 달착지근한 맛이 그런대로 먹을 만했다.

할머니는 그렇게 사시다가 볕이 고운 어느 가을날, 늦은 시간에 목화꽃 향기 되어 조용히 유언 한마디 남기지 않으시고 이슬처럼 하늘나라로 가셨다.

어린 시절, 그때의 추억 때문인가. 나는 목화만 보면 할머니를 생각한다. 한여름 날 하얀 꽃으로 피어나는 목화꽃도 아름답다. 찬 서리 내리는 늦은 가을 무리지어 하얗게 피어나는 목화를 멀리서 보는 정경은 할머니 모습이다.

한여름 목화밭에 가서 덜 익은 목화 다래를 따서 한입 가득 베어 물고도 싶다. 서리 내리는 늦은 가을, 때 묻지 않은 모습으로 곱게 피어나는 목화를 한 소쿠리 따보고도 싶다. 그것들이 그리워 목화꽃을 나는 야생화 반열에 올려놓고 매년 씨를 뿌리고 정성껏 가꾸고 있다.

두 손 마주잡고

음력 7월. 보름달이 세상을 밝히고 있는 밤이다. 어제는 한여름 소나기가 한줄기 시원하게 퍼붓더니, 언제 그랬느냐는 듯 물안개가 아주 옅게 깔린 오늘 저녁 공기가 상쾌하다.

간편한 복장으로 갈아입고 걷기 운동을 하러 길을 나선다. 매일은 아니지만 이렇게 기분 좋은 날이면 가끔 혼자서 걷는다. 집에서 출발하여 가산산성 입구 진남루를 거쳐 남원리를 돌아오는 코스는 한 시간 정도 걷기 운동에 적당하다. 짙은 솔향기를 마음껏 마시며 열심히 걷는다. 시골에 계시는 연로하신 부모님 걱정, 또 서울에 홀로 떨어져 직장생활을 하는 아들 생각, 도토리 키 재듯 고만고만하게 잘 자라고 있는 손자녀석들의 화사한 얼굴을 그린다.

팔공산 자락에 민가가 많지 않아서인지 이른 아침이나 저녁 시간에는 인적이 드물고 한적하다. 게다가 밤이라고는 하지만 한여름의 열기가 온몸으로 느껴지는 요즘 같은 날씨에는 산책하는 사람을 찾아보기가 수월찮다. 참으로 다행이다. 호젓한 산길을 걷고 있는데 저만치 한 쌍의 남녀가 다정스럽게 손을 잡고 천천히 걷고 있다. 같은 색, 같은 모양의 운동복으로 보아 아마도 신혼부부인 것 같다. 부러울 만큼 다정스러워 보인다.

누구나 신혼 시절에는 풋풋한 사랑으로 가득하다. 그러다 이런저런 세파에 시달리며 살다 보면 때로는 사랑을 잊고 살 때가 잦다. 그냥 무덤덤하게 친구처럼 동반자로서 사랑의 감정은 가슴 깊은 곳에 묻어두고 무덤덤하게 살아가고 있다.

얼마 전 신문에서 본 기사가 생각난다. 기혼자들에게 '만일 다시 태어난다면 지금의 배우자와 다시 결혼하겠느냐?'라는 질문이 있었다. 대다수 여성은 지금의 남편과 결혼하지 않겠다고 대답했고, 남자들은 지금의 아내와 다시 결혼하고 싶다고 답했단다. 결과는 나의 예상을 빗나갔다. 우리나라 고유의 유교적 관념으로는 '여필종부女必從夫'라고 하여 여자는 남자를 따르는 것을 미덕으로 알고 있다. 그런 면에서 아내는 다시 태어나도 지금의 남편을 선택하리라 믿었다.

우리 부부에게 이런 질문을 한다면 어떤 답을 할까? 특히 아내의 생각이 궁금해진다. 당신이 만약에 다시 태어난다면 나와 결혼하겠느냐고 장난삼아 물어볼 수도 없다. 아니라고 대답한다면 그때의 기분은 어떨까. 여성 대다수가 아니라고 답했다고 하니 아내도 같은 생각을 하고 있으리라 짐작만 할 뿐이다. 어떻게 해야 할까 고민이 시작된다. 나 역시 모든 남자의 대답과 다르지는 않을 것 같다. 나도 또 다른 여자를 만나 살아보고 싶은 욕망은 가슴 깊은 곳에 자리 잡고 있다. 그러나 당장 내 곁에서 살 비비며 살아가는 곱고 순수한 내 반쪽을 남에게 내어준다는 생각에 등골이 오싹해진다. 새로운 것에 대한 호기심보다는 내가 누리고 있는 것에 대한 상실감이 더 크게 작용하고 있어 그런 생각을 하게 하는지도 모르겠다. 당장은 명쾌한 답이 나올 것 같지 않다,

앞서서 걸어가는 젊은 부부를 뒤로하고 열심히 걷는다. 갑자기 아니지, 그건 아니지 싶다. 하늘의 축복이 있어 만약에 당신과 내가 다시 태어난다고 해도 나는 단호하게 당신을 놓아주고 싶다. 22세 어린 나이에 나를 만나 그 많은 사연을 어떻게 말로 다 표현해낼 수 있을까. 가난한 살림의 집안 8대 종부宗婦로 들어와 크고 작은 일들을 겪으면서 지금까지 시난고난하게 살아왔다. 그래도 남자의 자존심은 있어 고생하는 아내 등 한 번 다독여주는 일에도 인색했지만, 아내의 고생만큼은 잘 알고 있다. 혹시라도 절대자의 능력에 의해 다시 태어나는 기회를 준다면 좋은 사람 만나 고생 좀 덜하고 행복하게 잘살아 보라고 축복해주고 싶다.

그러나 지금은 아니다. 당신이나 나나 어떤 운명에 의해 부부의 인연을 맺어 이제까지 잘 살아왔으니 남은 삶이라도 아름

답게 보내고 싶다. 살아가야 할 날이 살아온 날보다 적게 남은 것은 분명할지니, 조금은 서럽고 억울하더라도 붉은 입술 꼭 깨물며 두 손 마주잡고 따뜻한 사랑의 정을 나누며 행복하게 살아가고 싶다.

인생 뭐 있어

친구, 자네는 알고 있잖소. 머리에는 흰서리 내려앉아 반백이 넘었고 얼굴은 주름이 자리 잡은 지 오래되었구려. 게다가 손발은 살이 빠지고 주름이 잡혀 말라비틀어진 무말랭이처럼 되고 말았네. 어디 그뿐인가요. 온몸은 성한 곳이 없어 종합병원 수준이니 끼니마다 입에 털어넣는 알약이 한 움큼씩이나 되었네그려. 어제는 한의원 가서 침 맞고 오늘은 동네 의원에 가서 물리치료를 받아보지만, 쑤시고 아픈 허리는 사시장철 그 타령일세. 그렇다고 가족에게 하소연해 봐도 늙은이 엄살부린다고 핀잔이나 받지 않으면 다행이 아니겠소.

우리도 젊은 시절이 분명 있었지요. 청운의 꿈을 안고 직장에 첫발을 들여놓은 지 어제 같은데 뒤돌아보니 화려한 백수가 된 지도 어언 10여 년을 보내고도 손가락 몇 개를 더 꼽아야 하잖소. 사람이 나이 먹어 늙어지면 추억을 뜯어먹고 산다고 했던가요.

처음 직장에 들어갔을 때 풋병아리 같은 새내기가 왔다고 반겨주던 선배들도 채 한 달도 지나지 않아서 정낭에 앉아 개 부르듯이 온갖 잔일을 다 시켰지요. 그래도 군소리 한마디 못 하고 갖은 지청구를 받아가면서도 일을 배우려고 노력하였었지. '이 직장이 천직이다'라고 생각하고 익숙해지기 위하여 아무리 어렵고 힘들어도 참고 견디며 살았었지요. 밤늦은 시간까지 야근은 기본이었고 공휴일도 제대로 쉬지 못하는 날이 태반이 아니었소. 그렇게 이 국가의 산업의 역군으로 뼈빠지게 일할 그때가 그리운 이유는 무엇일까.

성질 더러운 상사를 만나면 참 죽을 맛이었던 것을 친구도 생생하게 기억하시겠지. 사람이 하는 일이라 조그마한 잘못도 있을 수 있고 실수도 있게 마련인데 당신의 비위에 맞지 않는다고 수모에 가까운 핀잔을 들을 때면 남자로서 참기 힘들었지요. 이현령비현령耳懸鈴鼻懸鈴에 녹피鹿皮에 가로 왈曰이라는 말을 알고 있겠지요. 시도 때도 없이 변하는 상사의 비위를 맞추며 서럽게 살아온 세월을 어찌 다 보냈는지 아득하기만 하군요. 그래도 목구멍이 포도청이요, 처승자박妻繩子縛이라 제대로 대꾸 한번 못하고 꾹꾹 눌러 참으며 지나온 세월이 30년도 훨씬 넘었네요.

친구여, 요즈음 아더매치라는 말을 아시는가? 젊은이들이 이르기를 아니꼽고 더럽고 매스껍고 치사하다는 말을 줄여서 하는 말이라네요. 아무리 아더매치해도 그냥 참고 살아온 세월이 우리 가족을 살리는 힘과 밑거름이 되었잖소. 그래도 서러우면 향촌동 뒷골목 주점에 앉아 찌그러진 주전자에 담긴 막걸리로 목을 축이면서도 얇은 주머니 사정을 걱정하면서 서로의 눈치를 보아야 했었지요. 그렇게 살아온 날들이 몇 날이나 되었던가요.

이 나라 부흥과 경제건설을 누가 이룬 것일까요. 그것은 탁월한 지도자의 영도력의 힘이 컸겠지만, 망치 들고 산업현장에서 열심히 일했던 우리가 아니었던가요. 전쟁에서 승리하는 길은 지휘자의 탁월한 지도력도 크겠지만, 결국에는 소총 들고 싸우는 병사들에 의해 적의 고지는 점령되는 법 아니겠소.

친구여, 얼마 전에 상사 한 분을 만났지요. 한때는 직장에서 나는 새도 떨어뜨릴 듯이 왕국을 건설하고 그렇게도 위세가 등등하던 양반이 지금 보니 그분이나 나나 초라한 초로의 늙은이였습디다. 천년만년 누릴 줄 알았던 그 기세는 어디 가고 후줄근한 등산복과 뒤꿈치 닳아빠진 등산화에 등 굽은 모습이 차라리 나를 슬프게 하더군요. 자리가 사람 만든다고 했던가요. 그 좋던 직장에서 퇴직하고 나니 별 볼일 없는 모습 앞에 숙연해지는 이유는 무엇일까요. 우리도 말단 간부직으로 퇴직하였으니 그때의 부하직원들이 우리를 본다면 같은 기분이 아니겠소. 해서 성현께서는 제행무상諸行無常이라고 하셨지요. 변하지 않고 영원한 것은 세상에 없다는 말입니다. 세월의 덧없음을 한탄해 본들 뭐하겠소. 이리 살다가 때 되면 가는 것이지요.

친구여, 괜한 말로 자네의 심기를 불편하게 했다면 용서하시게나. 인생 굽이굽이 휘돌아 온 길을 뒤돌아본들 무슨 소용이 있겠소마는 그래도 고희古稀를 넘긴 나이를 맞이하고 보니 회한이야 없을 수 없지요. 그래도 인생 70부터라고 했으니 힘 한번 내어봅시다. 해서 이런 일 저런 일 다 잊고 우리 자주 만나 옛이야기나 하면서 회포나 풀어봅시다. '인생 뭐 있어.' 쓴 소주 한잔하면서 너털웃음 한번 크게 웃어보는 거지요.

팔공산 소야곡

초가을 하늘에 흰구름 몇 조각이 떠 있다. 바람이 부는 대로 흘러가고 있는 저 구름은 도대체 어디서 와서 어디로 가는 것일까. 또 저 구름은 어떤 인연으로 저 하늘에서 어디로 흘러가고 있는가. 하늘에 떠 있는 구름 한 조각 흘러가는 것도 우연은 아니라는 스님의 법문이 생각난다. 세상에 있는 풀 한 포기 돌멩이 한 덩이도 그냥 있는 것이 아니란다. 하물며 사람이 한평생을 살아가면서 이런 일 저런 일들을 만나고 이곳저곳으로 옮겨가면서 사는 것도 단순한 우연은 아니라는 생각이 며칠째 나를 놓아주지 않는다.

참으로 알 수 없는 인연으로 팔공산에 자리를 잡았다. 아무도 상상하지 못한 일이었다. 그것도 생소한 숙박업으로 이곳 팔공산에서 입치레를 하게 되리라고는 나도 아내도 예측하지 못하였고 그 누구도 알지 못하였다. 2006년이었다. 퇴직한 지 3년 차에 접어들고 있을 때 아내는 새로운 일자리를 찾기 위해 여러 곳을 알아보고 있었다. 아직은 젊음이 있고, 앞으로 살아가야 할 날들과 감당해야 할 일들이 많이 남아있기 때문이다.

30여 년이 넘는 세월 동안 월급쟁이로 우물 안 개구리처럼 살아온 우리가 새로운 직업을 찾는다는 것이 생각만큼 쉽지는 않았다. 그때 우연히 아내의 고향 친구가 이곳 팔공산에서 숙박업을 하고 있다는 것을 알게 되었다. 큰돈을 벌지는 못할지라도 늘그막에 먹고사는 데는 이만한 것이 없을 것이라는 말 한마디에 덜컥 계약하고 말았다. 그리고 10년 동안 아내는 팔공산에 묻혀 살았다. 남자인 나는 이런저런 일로, 때로는 적당한 핑계로 외출할 기회가 잦았으나 자동차 운전이 서툰 아내는 꼼짝없이 창살 없는 감옥 같은 팔공산 작은 모텔에 갇혀서 살아야 했다. 아무리 생각해도 우연이 아니었다. 우연을 가장한 숙명으로 이곳에 살도록 한 것 같다는 생각이 떠오른다. 그래, 그것은 숙명이었다. 전혀 예상하지 못한 곳에서 색다른 직업으로 10년 세월을 살아가게 될 줄은 아무도 몰랐다. 하여 숙명이라고 믿고 있다.

우연이었든, 숙명이었든지 드디어 이곳을 떠나게 되는 감회가 새롭다. 숙박업의 특성이 그렇다. 우산 장사와 나막신 장사 두 아들을 둔 어미의 심정과 너무도 닮았다. 하룻밤을 묵고 가거나 오가는 손님이 많으면 아내의 수고로움에 건강을 해칠까 걱정이 되었고, 손님이 적으면 각종 세금과 전기요금 등 부대비용 및 적잖은 은행 이자를 뒷감당해야 할 일들로 밤잠을 설쳐야 했다. 그렇게 일희일비하면서 10년 세월을 보냈다.

10년 세월에 묵은 때가 자욱하게 앉은 세간들을 손이 닿는 대로 정리한다. 아무리 포장 이사를 한다고 하지만, 우리의 손길이 필요한 일들이 헤아릴 수 없을 만큼 많다. 세간 하나하나를 매만지고 정리하는 동안 복잡한 생각이 머리를 어지럽힌다. 자투리땅에 정성 들여 가꾸어 놓는 남새도 그렇고 한창 자라나는 고추며 탐스럽게 익어가는 하얀 참깨꽃이 자꾸만 뒤돌아보게 한다. 그까짓 것들이 다 뭐라고 생각하다가도 눈길만 스쳐도 발길을 잡고 놓아주지 않는다. 그뿐이 아니다. 울안에 심어놓아 탐스러운 열매가 한창 자라고 있는 감나무도 눈에 밟힌다.

처음 이곳에 들어오던 이듬해 고향 상주까지 가서 직접 사다가 심어놓은 감나무 우듬지가 아득하게 보인다. 지난해에는 두 접도 넘게 감을 수확하였다. 아내와 이마 맞대고 정성스럽게 깎아 곶감을 만들었던 감나무 대여섯 그루가 올망졸망 풋감을 달고 한창 잘 자라고 있다. 이미 수확을 끝낸 매실과 앵두나무, 추석 무렵이면 실하게 익어갈 시원한 맛이 일품인 꿀배나무까지도 예사롭게 보이지 않는다. 모두가 내 손으로 가꾸어 놓은 애착이 가는 것들이다. 저것들을 두고 어떻게 떠나지 싶다가도 아내의 주름진 얼굴을 보면 시원하게 처분하기를 잘

했다는 생각이 앞선다.

우연이든 우연을 가장한 필연이었든 또 한 번 삶의 이정표를 찍는다. 그동안 어머니 품안 같았던 팔공산 자락을 떠나 내일이면 오랫동안 살아왔던 대구라는 번잡한 도시에서 새로운 보금자리를 잡아야 한다. 그러고 나면 또 조금은 낯선 곳에서 낯선 사람들과 어울리며 새로운 정을 찾겠지. 쉽게 잠들지 못하는 긴 밤이다. 하얀 달빛이 폭포처럼 쏟아지던 팔공산의 밤을 오래도록 기억하기 위해 어설픈 시심詩心이 되지도 않은 팔공산 소야곡을 부르게 한다.

팔공산아, 안녕

팔공산 북촌 자락
애환의 10년 세월
아내 얼굴 쳐다보고
한량처럼 살았는데

시절인연도 다했는가
묵은 먼지 털어내고

떠나려는 발길 위에
아쉬움이 추억된다

제삿날

“아이고. 이놈아! 저지를 일을 저질러야지 이를 어쩔래.”

나도 모르게 갑자기 화가 치밀어 올라 소리를 지르고 만다. 저도 황당했는지 어찌할 바를 모르고 어른들 눈치만 살핀다. 순간 이러면 안 되지, 하는 생각이 뇌리를 스친다. 치밀어 오르는 화를 눌러보지만, 좀처럼 쉽게 가라앉지 않는다.

제사를 모시기 위하여 정성껏 조심스럽게 제상에 준비해둔 음식을 진설하고 이제 마지막 메와 갱을 올리려고 할 즈음이다. 곁에서는 음식을 같이 나르고 하던 초등학교에 다니는 외손자 두 녀석이 키득키득 장난을 치고 있다. 잠시 눈을 돌리는 순간이었다. 큰 녀석과 장난치던 막내 녀석이 갑자기 뒷걸음치다 발이 제사상 모서리에 걸려 털썩 제상에 주저앉고 말았다. 순식간에 벌어진 일이다. 제사는 정성이라고 아내는 고되고 힘든 영업하면서 그 바쁜 중에도 틈틈이 있는 정성 없는 정성을 다해 차려놓은 제사상이 엉망진창이다. 유과는 아예 산산조각이 났고 과일은 방바닥에 나뒹굴고 전 그릇과 나물 그릇은 엎어지고 밀려나고 한마디로 쑥대밭이 되고 말았다.

오늘은 증조부님 제사 일이다. 아무리 화가 나도 어린애들을 울리거나 나무라서는 안 되는 특별한 날이다. 오늘만큼은 우리 집안에 불문율로 내려오는 전통이고 가풍이다. 오늘 제사를 모시는 증조할아버지는 우리의 양할아버지시다. 할아버지 형제분께서는 돌아가실 때까지 한집에서 사셨다고 한다. 증조할아버지의 백씨 되시는 당신께서 생전에 자손을 생산하시지 못하여 맏이인 우리 할아버지가 양자로 입적한 어른이시다.

이 어른께서는 당신이 자손을 생산하지 못한 것이 커다란 한으로 맺혔던가 보다. 하여 자손 사랑이 남달랐다고 한다. 옛날 가난했던 시절 양할아버지 말년의 일이다. 때맞추어 그날 저녁 끼니로 콩죽을 쑤었다고 한다. 다 쑤어놓은 콩죽이 식으라고 큰 동이에 퍼 놓았는데 서우 설음마를 하는 할아버지가 그만 콩죽 동이에 오줌을 주르르 누고 말았다. 당황스럽고 놀란 증조할머니는 아이의 엉덩이를 한 차례 찰싹 때리며 지청구를 하였다. 그것을 지켜보시는 큰할아버지는 그 길로 저녁도 드시지 않고 방에 들어가서 방문을 걸고 식음을 전폐하였다. 동생 내외분이 아무리 용서를 빌어도 소용이 없었다. 그것이

마지막이었다.

하필이면 이런 날, 손자 녀석이 제사상을 둘러엎는 사고를 치고 말았다. 잠시 숨을 고른다. 어지럽힌 상을 행주로 말끔하게 닦아내고 다행히 남은 음식이 있어서 처음부터 다시 상을 차리기 시작한다. 그래도 어쩐지 마음이 찜찜하다. 제사상을 엎은 일도 마음에 걸리고 잠시나마 증조할아버지 제삿날 일을 저지른 외손자를 혼낸 일도 마음에 걸린다.

우리 집 제삿날이면 부모님과 동생들 그리고 아들, 딸이 손자들을 앞세우고 오면 항상 붐빈다. 그런데 오늘 제사는 나 혼자 지내야 할 입장이다. 시골에 계시는 연로하신 부모님은 거동이 불편하여 제사에 참례하지 못하시고 동생들도 이런저런 일로 올 수 없게 되었다. 게다가 부산에서 직장을 다니는 아들도 평일이라 오기가 좀 어렵다기에 오지 말라고 했다. 아내와 단둘이서 단출하게 제사를 모시기로 하였다. 그러던 차에 딸이 애들 데리고 온다고 기별이 왔다. 무척 반가웠다. 그렇게 찾아온 녀석이 사고를 치고 말았다.

오늘 제사를 모시는 증조할아버지가 영혼이 있어서 이 광경을 보셨다면 뭐라고 하실까. 답은 명징해진다. '쯧쯧, 못난 놈. 그까짓 제사상 좀 어지럽혔다고 그 귀한 손자를 혼내다니. 그러니까 애들이지. 아직은 멀었다. 멀었어!'라고 하시며 노하실 것이 분명하다. "할아버지 잘못했습니다. 못난 저를 혼내주십시오." 속으로 빌며 정성껏 잔을 올린다.

본래 우리 집 가풍에는 어린아이에게는 제사에 참여는 하되 잔을 올리지 못하게 하였다. 그러나 어쩔 수 없이 혼자 초헌初獻, 아헌亞獻 종헌終獻을 해야 할 처지이니 큰마음을 내어 외손자들을 불러 세운다. 옛 어른들이 이르기를 외손봉사外孫奉祀도 있다고 하였다. 비록 외손자일지언정 큰 녀석을 맏이라고 아헌 잔을 올리게 하고 사고를 친 막내 녀석에게 종헌 잔을 올리게 하였다. "동현아! '할아버지 잘못했습니다.' 하고 절을 두 번 해."라고 하면서 달랬다. 녀석도 공손한 태도로 잔을 올리고 얌전하게 절을 한다.

명절 차례 때나 기제사 때 흔히 일어나는 광경이 있다. 어른들이 잔을 올리고 절을 하고 나면 밤이나 곶감 등이 하나씩 없어졌다. 그때마다 우리는 짓궂은 손자 녀석이 한 짓인 줄 뻔히 알면서도 모른 체하고 넘어간다. 우리도 어릴 때 그런 장난을 하고 자랐기 때문이다. 돌아가신 조상을 섬기는 일도 중요하지만, 자라나는 손자들이 더 귀하고 중하기 때문이다. 오늘 일만 해도 그렇다. 어린 마음에 녀석인들 얼마나 놀라고 황당했을까. 부지불식간에 저질러진 일이다. 마음에 상처를 입지 않았으면 좋겠다. 아이들이기 때문에 이런 실수도 할 수 있다. 자라면서 오늘의 일이 하나의 추억으로 남을 것이다. 그러면서 어른이 되고 가풍 하나하나를 익혀 나가겠지. 그리고 제 아들이 또 이런 일을 저지르면 혼을 내곤 하겠지. 이런 일들이 사람으로 살아가는 일이 아닐까.

피끝에서 순흥을 보다

영주 땅 순흥 고을을 찾아가는 길은 순탄하다. 훤히 잘 뚫린 도로를 승용차로 편안하게 달린다. 아직 겨울이 채 끝나지 않은 2월 중순인데도 차창을 통해 들어오는 햇살이 따사롭다. 피끝 마을에 도착했다. 조그만 시골 마을이다. 550년 전, 죽계천 청다리에서 10여 리 냇물을 붉은 핏빛으로 물들이며 흐르다가 마침내 끝난 마을, 그래서 피끝이라 불리는 마을이다. 피끝 마을에 서면 순흥이 보인다. 넓은 들 건너편 커다란 학이 비상하려는 듯 날개를 펼치고 있는 소백산이 보인다. 그곳을 누가 순한 백성이 잘사는 곳이라고 이름 지었던가.

사람이 가지는 욕심과 욕망은 어떤 것일까? 사람은 작든 크든 욕심과 욕망을 가지고 있다. 많이 가진 사람은 더 큰 것을 바라고, 적게 가진 사람은 작은 대로 가슴에 간직한 채 살아가고 있다. 사람이 가지고 있는 욕심이나 욕망 그 자체를 꾸짖고 욕할 것은 아니다. 그것으로 말미암아 사회와 개인이 발전하고 향상되는 것은 당연하다. 하지만 남에게 폐를 끼치고, 남의 것을 빼앗는 행위라면 당연히 손가락질을 받아야 할 것이다.

한 사람의 잘못된 생각 때문에 일어나는 결과는 대개가 남에게 피해를 주고 끝나게 된다. 옛날에도 그랬다. 수양대군의 잘못된 욕망 때문에 얼마나 많은 사람이 피 흘리며 죽어가야 했던가. 공맹孔孟의 가르침을 따르고 삼강오륜이 생활의 규범이었던 조선시대에 일어난 일이다. 제아무리 세상을 다스릴 뛰어난 지략과 지모를 가지고 있었다 하더라고 그렇게 해서는 안 될 일이다. 장조카 단종이 나이 어리고, 품은 경륜이 부족하다면 숙부로서 당연히 왕을 보필하여 자기의 경륜을 얼마든지 펼칠 수 있었을 것이다. 끝내 어린 단종을 왕의 자리에서 쫓아내고 자기가 차지함으로써 피의 역사는 시작되었다.

순흥 고을에 유배되었던 금성대군의 죽음에 관한 이야기도 또 다른 욕망의 결과였다. 수양의 왕위찬탈에 대항하여 단종의 복위를 꾀하려는 사육신과 뜻을 같이하였다가 끝내 순흥 고을에 위리안치圍籬安置 된 금성대군이다. 죄인의 몸이 되어 이곳까지 유배 와서도 그 피 끓는 결기를 삭이지 못하고 거사를 계획하였다. 어떤 측면에서는 무모하게 보이기까지 하는 계획이었다. 죄인의 몸으로 비록 순흥부사 이보흠의 적극적인 지지를 얻었다 하나 몇 사람의 비분강개에 의지하고, 영남 지방 올곧은 선비 정신에 호소하여 국가를 상대로 거사를 계획하였다는 사실 앞에 한편으로 쓴웃음을 짓게 한다. 게다가 횃불 한번 올려보지도 못하고 화살 한 대 쏘아보지도 못한 채 물거품이 되고 말았으니 말이다.

금성대군과 이보흠의 단종복위 거사가 실패로 끝나게 되는 경위 또한 욕심에 눈이 어두운 사람 때문이었다. 일신의 영달에 눈이 먼 한 사람의 관로에 의해 기천현감에게 알려지고 역모계획이 즉시 중앙으로 고변되었다. 불길처럼 쳐들어온 관군에 의해 순흥부 일대는 피가 튀고 살이 찢어지는 살육의 역사가 시작되었다. 이들과 뜻을 같이한 사람들은 말할 것도 없고 단지 순흥에 살았다는 이유만으로 30리 안의 모든 백성이 죽임을 당해야 했던 것이다. 이렇게 참혹한 피를 부른 고변으로 관로와 기천현감은 얼마나 출세를 하고 신분이 상승 되었을까. 후세에 사람은 이 사건을 정축지변丁丑之變이라고 기록하고 있다.

결국 나이 어린 단종마저 처참하게 죽임을 당했다. 단종은 죽어서 태백산 산신이 되고, 금성은 죽어 소백산 산신이 되었다. 순흥 고을에 그렇게 지독한 피의 살육이 있었어도, 그 후손들은 누구를 원망하는 마음을 품지 않았다. 오랜 세월이 흘러 소박한 욕심 밖에 가질 줄 몰랐던 백성이 순흥 고을에 살고 있어서 뜻을 모아 스스로 금성신단을 모으고 초군청을 세웠다. 금성대군을 산신으로 받들어 제사를 모시는 것이다. 소를 잡아 제물로 사용하게 되는데 이때 잡는 소를 특이하게도 '양반님'으로 부르고 있다는 것이다. 아마도 소백산 산신이 된 금성대군에게 바치는 제물에 대한 신성함을 나타내기 위한 순박한 마음의 표현이리라.

어린 조카 단종을 쫓아내고 왕위에 오른 세조에게도 잘못된 욕망이 가져온 죄의 징벌은 오래지 않아 생전에 찾아왔다. 세조 스스로 고백하였듯이 단종의 어머니 현덕빈 권씨가 꿈에 나타나 "천하에 악독하고 더러운 놈"이라고 욕하며 침을 뱉었다 한다. 침이 튄 온몸에 문둥병 같은 피부병이 돋아 평생을 병고에 시달리며 살았다 하니 천벌을 받았기 때문인가. 세조 임금도 끝내는 지독한 병마와 싸우며 평생을 후회하며 고뇌 속에 살다가 갔을 것이다.

금성신단 곁으로 고목 한 그루가 서 있다. 순흥 고을 피의 역사와 함께 죽었다가 200년 뒤에 다시 살아났다는 나무로서, 압각수라는 특별한 이름으로 불리는 은행나무이다. 비록 고목일망정 든든하게 뿌리박고 서 있는 모습이 옛날의 참혹함을 증언하는 듯 보였다. 채 100년도 채우지 못하고 죽어야 할 인간의 덧없는 욕심과 욕망을 비웃기라도 하는 것일까. 저녁노을 빛 아름다운 등 뒤로 소백산 중턱에 흰구름 한 조각 유유히 흘러가고 있다.

끝없는 이야기

커다란 물고기가 공중에 떠 있다. 그냥 아무렇지도 않게 공중에 매달려 있다. 사람이 키보다 더 큰 녀석이다. 등에 커다란 핀 두 개를 꽂고 굵은 쇠줄에 매달려 있다. 무슨 사연을 안고 저리도 무심하게 허공을 맴돌고 있는가.

8월 한가위 밤이다. 옅게 드리운 어스름 구름 사이로 흐릿하게 보이는 보름달이 더 매력적이다. 아내와 팔공산 갓바위 부처님을 참배하기 위해 1,365개의 돌계단을 오른다. 땀은 비 오듯 흐르고 몸은 천근이다. 붉은 피의 혈기가 넘치는 젊은이들은 잘도 오르는데 우리만 헉헉거리고 있다. 그냥 마음을 비우고 뒤따르는 아내와 보조를 맞추며 쉬엄쉬엄 오른다. 밤하늘을 올려다본다. 그때 흐릿한 달빛 사이로 문득 공중에 매달려 있는 물고기가 보인다. 무엇을 위해 이 야밤중에 갓바위 부처님 계시는 곳을 향해 힘든 돌계단을 오르는가를 생각한다.

속은 완전히 비웠다. 바라보는 하늘만큼 크게 속을 비운 물고기가 하늘 높은 곳에 매달려 둥실 떠 있다. 그 쓰리고 아픈 속을 다 비워내고 어디서 와서 어디로 흘러가는지 모를 구름과 얼굴을 맞대고 있다. 허허롭다. 신기롭기까지 하다. 처음에는 누군가의 손에 의해 만들어졌을 것이다. 몇 백 년의 세월을 이기고 자라난 질 좋은 통나무 하나를 장만하고 힘줄 굵은 사내의 손에 의해 그 속이 다 비워지기까지 참아내어야 할 고통인들 오죽했을까?

헤아릴 수 없는 세월 동안 외진 절간 마당 한 귀퉁이를 지키면서 저렇게 그 자리에 있었을 것이다. 철따라 오가는 사람을 지켜보면서 그는 중생들에게 무슨 말을 전하고 싶었을까 궁금해진다.

우연이 아닌 필연으로 수필을 만나고 10년의 세월을 글 속에 묻혀 살았다. 그동안 100편이 넘는 글을 쓰면서 얼마나 많은 밤낮을 헤맸는지도 모른다. 감히 천의무봉天衣無縫을 꿈꾸며 글줄을 고치고 앞뒤 바꿈질을 몇 번이나 반복하였는지 모른다. 그래도 미숙하고 덜 익는 풋감 같은 떫은맛이 감도는 글을 두 권의 책으로 엮어냈다. 부끄러운 줄도 모르고 어설픈 넋두리를 세상에 내어놓았다. 마음을 비우고 나를 되돌아보자고 시작한 글공부가 도리어 뼈아픈 족쇄가 되고 말았다. 어쭙잖은 글들을 부끄러운 줄도 모르고 세상에 집어던지듯이 내어놓고 자만심만 가득했다. 남들이 비웃는 줄도 모르고 마냥 우쭐해 있었다. 글 몇 줄로 세상을 다 얻은 줄 알고 살았다. 그것도 부족하여 여기저기 이 단체 저 단체를 기웃거리면서 귀빠진 상이라도 하나 돌아오지 않을까 하는 가당치도 않았던 생각들이 한가위 보름달님 앞에 처음 부끄러움으로 다가온다. 그래도 마음속으로는 노심초사勞心焦思하면서 보낸 날들이 얼마인지도 모르겠다. 쥐구멍에도 볕들날 있고 어느 구름에 비 들었는지 모른다며 살아온 날들이 나를 부끄럽게 한다.

부처님 전에 엎드려 간곡한 마음으로 내 안에 있는 못된 목소리를 지워달라고 빌어보지만, 어쩌다 낯익은 문인을 만나기만 해도 내 안에 있는 욕심의 목소리가 비 온 뒤의 죽순처럼 자라난다. 덜 익은 풋과일처럼 일어나는 욕심 덩어리를 감히 내 의지대로는 할 수 없는 일이지 싶다. 제 욕심 다 비워내고 내장마저 불태워버려 진정한 공허空虛로 허공 중에 매인 목어木魚를 만든 그 장인을 만나고 싶다. 그리고 그에게 간절히 부탁하고 싶다. 내 안에 가득 차있는 욕심과 교만을 들어내어 달라고 말이다. 하나 그 장인은 어디에서도 만날 수가 없었다. 결국은 내 손으로 내 안에 있는 욕심을 들어내야 하는 것인 줄도 몰랐다.

훌륭한 스님들은 면벽 몇 10년에 겨우 도를 터득한다는데 글 몇 줄 읽고 썼다고 한꺼번에 대문장가가 될 턱은 절대로 없다. 그래도 10년 글공부 도로아미타불은 아닐 터이니 느긋

한 마음자리로 때를 기다리자. 대구문단의 변방에서 누추한 한 자리를 지키며 늙어가는 세월 앞에 겸손하여 끝없는 이야기(neverending story)를 쓰고 싶다.

서당비

"할아버지! 할머니!" 하면서 외손자 녀석들이 뛰어온다. 앞서서 뛰어오는 큰 녀석을 뒤따르는 작은 녀석이 기를 쓰며 달려온다. 행여 넘어져서 다칠세라, 얼른 다가가서 한 품에 껴안는다.

우리 부부는 손자, 손녀 복이 많다. 여덟 살 먹은 녀석이 두 명, 일곱 살짜리가 두 명이다. 그러니까 아들과 딸, 두 집안에서 일 년에 한 명씩 그것도 연년생으로 안겨주었다. 고만고만한 녀석들이 네 명이나 되니, 번갈아 오는 녀석들의 해맑은 웃음을 담은 모습이 귀엽고 사랑스럽다. 금요일 오후부터 녀석들이 기다려진다. 어쩌다 아무도 오지 않는 주말이면 허전한 기분이 집안에 감돈다. 자식 키울 때는 몰랐던 자식 사랑이 손자들에게 고스란히 옮겨 앉았다.

우리 부부가 운영하는 팔공산 사랑채는 조용한 분위기가 절대적 요소이다. 도심을 떠나 조용한 곳을 찾아 휴식을 얻으려고 찾아오는 손님들이므로 조용하고 쾌적한 분위기가 최상의 조건이다. 그런데 주말에 손자들이 오면 갑자기 분위기가 소란스러워진다. 한편으로는 녀석들이 반갑기도 하지만, 또 한편으로는 손님들의 조용한 휴식에 방해가 될까 봐 조바심이 일어난다.

한창 장난을 칠 나이에 접어든 녀석들 때문에 난감할 때가 한두 번이 아니다. 귀엽다고 마냥 두고 볼 수도 없고, 그렇다고 오랜만에 찾아온 손자를 나무랄 수도 없는 지경이 되면 난감하기가 이를 데 없다. 옛말에 "손자를 귀여워하면 할아버지 상투 잡고 흔든다." 했다. 장난이 심하다 싶으면 부득불 꾸지람을 주지만 그것도 잠시뿐이다. 할아버지의 영이 서지 않는 것이다. 이유야 간단하다. 항상 웃는 얼굴로 대해주는 할아버지 할머니가 잠시 꾸지람을 한다고 무서울 턱이 없기 때문이다. 그러다 장난이 지나치다 싶으면 부득불 회초리를 들고 엄포를 놓지만, 녀석들에게는 약효가 먹혀들지 않는다.

우리 집에는 일 년 중 하루는 절대로 아이에게 혼을 내거나 울려서는 안 되는 날이 있다. 증조부 제삿날이다. 우리 할아버지께서 양자로 입적하신 증조부이시다. 할아버지를 낳으신 증조부의 형님 되시는 할아버지께서는 슬하에 자손을 두지 못하셨다 한다. 그리고 두 형제분이 한집에서 같이 살았었다. 일찍

이 우리 할아버지가 큰아버지에게로 양자로 드셨다.

할아버지가 어렸을 때 일이다. 아마 초가을쯤 되었던가. 없는 살림에 저녁 식사로 콩죽을 쑤어서 식힐 겸 오지그릇에 펴 놓았다 한다. 사달은 여기에서 시작된다. 철없는 어린 할아버지가 그만 콩죽 펴 놓은 오지그릇 위에 오줌을 누었다. 할머니께서 별다른 생각 없이 어린 아들의 볼기를 몇 차례 때리셨다. 이것을 보신 증조부 형님께서 크게 노하셨다. 그리고 그날 저녁을 잡수지 않고 방에 들어가서 그 길로 병환이 깊어 돌아가셨다. 그 후로 양증조부 제삿날에는 아이를 절대로 혼내거나 울려서는 안 되는 가풍이 생겼다.

옛날 시장에서 질이 가장 좋은 빗자루를 '서당비'라고 했다. 서당에서 만들어 파는 싸리 빗자루를 말한다. 서당에 자식을 맡긴 부모가 한 달에 한 번씩 산에 가서 싸리를 한 움큼 베어 서당에 보냈다 한다.

"선생님, 이 회초리가 닳아 없어지도록 아이를 쳐서라도 인간이 되도록 해 주십시오." 이렇게 모인 싸리가 가리가 될 정도이니 남은 싸리로 빗자루를 만들어 팔게 된 것이다.

옛 어른들 말씀에 귀여운 자식일수록 엄하게 키우라고 했다. 자식을 키우면서 매 한번 들지 않고 키우는 사람은 없을 것이다. 미워서가 아니라 옆길로 엇나가는 자식을 바로잡기 위한 사랑이 담긴 매질이다. 산 가까이 있으므로 지천으로 널린 것이 싸리이니 질 좋은 놈으로 몇 개 꺾어다 놓아야겠다.

자라나면서 자아가 형성되어 가는 녀석들에게 싸리 회초리라도 들어야 할 것 같다. 매 맞는 당장이야 야속할지 모르겠으나 성장하고 나면 할아버지의 심정을 알게 될 날도 오겠지.

나래를 활짝 펴고

칠월 칠석 무렵이다. 초승달이 예쁘게 하늘에 떠 있다. 대구문화재단 주최 '인생나눔교실' 멘토링을 마치고 돌아오는 길이다. 아양교를 건너는데 초승달이 하늘에 곱게 떠 있다. 가을 밤하늘이 청명하다.

올해는 중학생들이다. 중학생 5명이 초롱초롱한 눈망울로 집중하고 있다. 대구시 효목동 신나는 효목지역아동센터에 있는 박병관, 안준녕, 유승민, 한은총, 황영민 등 5명의 멘토와 '인생나눔교실' 10주간 멘토링 활동을 하게 되었다. 지난해에는 대구시 수성구 범물노인복지관에서 활동을 했는데, 올해는 지역아동센터를 배정 받았다.

앞으로 이 5명과 같이 청소년 진로 상담, 청소년 고민 사항, 문학의 이해 등으로 같이 대화를 나누고, 제기차기, 비사치기,

공기놀이 등 전통놀이를 계획하였다.

첫 번째, 청소년 진로 상담 시간이다. 인터넷, IT 기술을 잘 배워 정보보호사 되고 싶다는 병관이. 착실한 공무원이 되고 싶다는 준녕이, 자동차 디자이너가 되고 싶다는 승민이, 그리고 교회 목사가 되겠다는 은총이 모두 알찬 희망과 포부를 안고 살아가는 우리나라 청소년들이다.

그런데 영민이는 특이한 장래 희망 사항을 말한다. 그는 행복한 가정을 꾸려서 잘살고 싶단다. 순간 번개를 맞은 듯 머리가 띵해진다. 하고많은 장래 희망 중에 하필이면 행복한 가정을 꾸려 잘살고 싶다는 순박한 장래 희망 사항을 말할까.

영민이는 중학교 1학년 학생이다. 중학생 치고는 키가 매우 작다. 얼핏 보면 초등학교 4~5학년같이 보인다. 학교에서도 키가 제일 작다고 한다. 그래서인지 영민이는 모든 일에 자신감이 부족하고 수업 시간에도 선생님과 눈을 마주치지 않으려고 한다.

지역아동센터에 오는 아이들은 대다수가 가정형편이 좋지 않은 편이다. 부모 중 한쪽만 있는 편부모 가정, 조손祖孫 가정, 또는 경제적으로 어려운 아이들이 대부분이다. 정상적인 가정에 살고 있는 아이들은 학원이다, 교습소다 하고 다닐 방과후 시간에 지역아동센터에 모여 이런저런 수업을 하며 시간을 보내는 편이다.

영민이에게 시선이 자주 간다. 질문도 다른 아이들보다 많이 하지만, 마지못해 무성의하게 대답한다. 가능하면 멘토 선생님과 눈을 마주치려 하지 않고 돌아앉거나 엎드려 수업을 받고 있다. 혹시나 싶어 수업 내용을 질문해보면 곧잘 대답하는 것을 봐서는 수업에 관심이 없는 것도 아니다. 수업 시간에 출석도 착실하게 한다.

벌써 한 달이 지났다. 다섯 번째 시간, 야외수업으로 전통놀이 시간이다. 다 같이 줄넘기를 한다. 그런데 이상하다. 그렇게 소침해 하던 영민이가 펄펄 난다. 2학년, 3학년 학생들보다 제일 잘한다. 1단 뛰기는 기본이고, 2단 뛰기도 수월하게 한다. 뒤이어 3단 뛰기를 해보겠단다. 3단 뛰기는 줄넘기를 한 번 돌릴 때 세 번 뜀뛰기를 하는 것이다. 처음 몇 번을 실패를 하더니 드디어 3단 뛰기에 성공한다. 유심히 지켜보고 있던 친구들은 모두 박수로 축하해준다. 나 역시 영민에게 다가가서 꼭 안아주면서 축하해 준다.

뒤이어 멘티 학생 5명이 달리기를 하겠단다. 웬일인가. 여기에서도 영민이가 1등이다. 키도 작고 1학년 학생이 2학년, 3학년 형님들을 모두 이기고 1등을 한 것이다. 우연일까 싶어 다시 달리기를 시켜 본다. 역시 1등이다. 나도 모르게 영민이에게 다가가서 가만히 영민을 끌어안고 축하해 준다. 영민이는 쑥스러워하며 품안에서 빠져나가려고 한다. 아차! 이거구나 싶었다. 이 아이는 지독한 사랑 결핍증에 빠져있는 것이다. 영민이의 가정 형편은 알지 못한다. 혹시나 싶어도 본인에게 물어보지도 못한다.

이제 14세 중학교 1학년이다. 아이들은 키가 늦게 크는 경우도 있다. 신체적 장애만 없다면 중고등학교를 거치면서 갑자기 키가 크는 경우도 보았다. 영민이를 유심히 살펴본다. 야외 수업에서는 펄펄 날던 이 아이가 교실에서 수업할 때면 기가 죽는다.

영민이가 커서 무엇을 할 것인지는 아무도 모른다. 단지 기 죽지 않고 착실하게 잘 자라주기만을 기대할 뿐이다. 수업을 마치고 돌아가는 음력 8월 초순에서 중순으로 넘어가는 때다. 오늘도 동녘 하늘에 반달이 곱게 떠 있다. 저 달도 때가 되면 보름달이 된다. 비록 10주간의 짧은 만남이겠지만, 신나는 효목지역아동센터 중학생 아이들도 쑥쑥 자라나서 저 달이 보름달이 되듯이 스스로 꿈꾸고 있는 희망들이 꼭 이루어지기를 간절한 소망을 담아 마음속으로 달님에게 빌어본다.

"영민아! 그리고 애들아! 부디 기죽지 말고 쑥쑥 자라서 나래를 활짝 펴고 너희들이 꿈꾸는 아름다운 세상 활짝 열고, 행복한 가정을 이루기 선생님은 날님에게 빌어본단다. 안녕."

4부

겨울冬 이야기 넷

달은 밝고 밤공기는 싸늘하다. 정월 대보름이 지난 겨울 날씨가 고추같이 맵다. 러시아를 침공하는 나폴레옹 군대 병사들처럼 온몸을 방한복으로 중무장하고 아내와 앞서거니 뒤서거니 하면서 밤길을 걷는다. 지난해 늦여름 때 반바지 차림으로 걷기 시작한 지도 반년 가까이 흘렀다. 큰 불평 없이 동행해 주는 아내가 고맙고 사랑스럽다. 대구 지상철 3호선 노선이 지나는 팔거천을 따라 매천역에서 매천시장역까지 걷기에 아주 적합한 길이다. 어쩌다 간간이 짧은 대화를 나눌 뿐이다. 그래도 우리는 수많은 대화를 속으로 나누고 있다.

달

정월 대보름 겨울밤의 달빛은 유난히 밝다. 구름 한 점 없는 겨울밤 달을 보면 엄마 생각이 난다. 새색시 시절, 동그란 얼굴에 홍조를 띠고 있던 엄마의 모습이 잊히지 않는다. 무척이나 복스러웠던 모습이다.

여러 가지 사정으로 우리가 엄마를 모시지 못하고 요양원에 입소하여 계신다. 구순을 넘기고 남은 생을 하나하나 정리하시는 엄마가 갑자기 그리워지고 보고 싶다.

저 밝은 보름달도 며칠 전에는 손톱 같은 반달이었는데 또 며칠 뒤에는 눈썹을 닮은 달로 변할 것이다. 달은 항상 그 자리에 있는데 우리가 보는 위치와 날짜에 따라 모양을 달리한다. 저 보름달을 얼마나 더 볼 때까지 엄마가 살아계실까. 지난 정원 대보름달님에게 엄마의 만수무강을 빌어도 보았지만, 점점 쇠약해지는 엄마를 어쩔 수가 없다. 인명은 재천이라고 했던가. 언젠가는 편안한 길로 가실 엄마, 저 달만 하염없이 쳐다보며 걷는다.

오리

한여름 팔거천에는 오리가 많다. 몇 마리씩 무리 지어 군데군데 모여서 살아가고 있다. 지독한 강추위에 강물은 얼어붙었다. 물에 사는 오리들은 생활터전을 온통 겨울 추위에 빼앗겨버렸다. 그들은 지금 어디서 이 겨울을 나고 있을까. 지난 초여름 어미 꽁무니를 쫓던 새끼 오리들은 아직도 어미 품속에서 편안한 밤을 보내고 있을는지 궁금하다.

집에서 기르는 가축들은 주인이 때맞추어 먹이를 주지만, 야생 오리들은 스스로 먹이를 찾아야 한다. 물속에 머리를 처박고 자맥질하던 녀석들이 이제는 동토가 되어버린 겨울 강가에서 어찌 지내고 있을까 걱정이 된다. 이 시련의 겨울을 버티어내고 강물이 풀리는 날이면 다시 팔거천변으로 돌아오겠지.

영춘화

봄을 맞이한다는 영춘화迎春化는 봄에만 피는 줄 알았다. 지난해 겨울이 시작되는 12월 초 언저리였다. 강둑을 따라 걷는 중에 난데없는 노란색 꽃을 보았다. 영춘화다. 여기 철모르는 녀석이 또 하나 있어 지나는 길손의 눈길을 사로잡는다. 곧 매서운 겨울 한파가 닥쳐올 터인데 어쩌자고 지금 꽃을 피웠단 말인가. 잠시 잊고 지내던 영춘화, 철없이 초겨울에 꽃망울을 터트린 녀석은 지금 어쩌고 있을까. 눈에 띄지 않는 것으로 봐서는 필시 동사하였겠지. 불쌍하고 가련하다는 생각이 뇌리를 스치지만 누구를 탓하랴. 꽃나무의 잘못인가. 일찍 밀고 올라온 꽃눈인가.

눈치 없고 앉을 자리 설 자리를 구분 못하는 내 꼴을 닮았음인가. 필시 이 강추위에 동사하였을 철없는 영춘화에게 애달픈 조사弔詞라도 써 보내고 싶다. 그래도 춘삼월 호시절이면 영춘화는 만발하겠지. 세상에는 철없는 녀석이 더러 있어야 살맛에 이야깃거리도 생기는 법이다.

3호선

꿈의 열차가 지나간다. 매일 거의 같은 시각에 같은 길을 걷는다. 대구 지상철 3호선 옆길을 걷는다. 흔히 하늘 열차라고 부르는 3호선은 지상 15m 높이에서 궤도를 따라 달린다. 겨우 세 칸을 연결하고 달리는 열차다. 어린이 만화영화에서나 나올 법한 앙증맞은 열차다. 매일 그 열차를 본다. 이제는 익숙해질 때도 되었으련만, 하늘 열차만 보면 가슴에 울렁증이 되살아난다.

상주 땅 소백산 준령 산골에서 자란 나는 초등학교를 마칠 때까지 기차를 그림으로만 보았다. 기차를 타고 도회지에 나가면 모두가 출세하고 잘사는 줄 알았다. 꿈처럼 막연히 도시생활을 동경하였다. 중학교를 부산에 있는 학교를 입학하면서 처음 타보았다. 중학교 시절부터 도시생활을 하였다. 하나 꿈은 꿈이었다. 없는 사람들의 서러움은 도시생활이 더 크다는 것을 어른이 되고 나서야 알았다.

그때가 언제 적 이야기인데 아직도 꼬마 열차만 보면 가슴이 설렌다. 머리에는 온통 흰서리를 이고 있는데 아직도 미련이 많이 남았는가. 그래도 밤하늘을 달리는 꼬마 열차만 보면 눈길을 쉽게 거두지 못한다. 가끔씩은 일탈도 꿈꾸어 보지만, 어림이나 있는가. 구름처럼 살아가는 보헤미안의 기질이 내 속에 숨어있는가.

수난시대

'쩌어억 쩍, 쩌억 딱.'

수십 년도 더 자란 울창한 낙락장송들이 짊어진 눈의 무게를 이기지 못하고 쓰러지고 부러지는 소리가 산등성을 넘는다. 이것이 무슨 날벼락이란 말인가. 우수雨水 경칩驚蟄 다 지나고 진달래꽃 몽우리 몽실몽실 살이 오르는 봄날이다. 이런 변은 처음 본다. 그렇게 튼실하고 잘생긴 소나무들이 대수난의 시내를 맞았다.

하늘이 흐리다 싶었는데 처음에는 비가 오더니 밤부터 눈으로 변했다. 애초 일기 예보에서는 비가 온다고 했다. 대구는 눈비가 적은 지방이다. 먹고 마실 물도 부족하다고 난리들이었다. 봄비가 그리도 반가울 수가 없다. 하늘이 온통 먹빛으로 변하고 갑자기 진눈깨비로 변하더니 탐스럽게도 잘도 내린다.

하늘의 재앙을 아무도 예측하지 못하였다. 봄기운이 완연한 계절에 이렇게 폭설이 내릴 줄은 누구도 몰랐다. 밤새 내린 눈은 이튿날 낮까지 계속된다. 뭔가 심상찮은 기운을 느끼기에는 많은 시간이 필요하지 않았다.

개통한 지 3년이 되는 대구 3호선 하늘 열차도 처음으로 멈추어 섰다. 대구에서는 드물게 발목까지 빠지는 눈이 왔다고 전한다. 예사 눈이 아니다. 잔뜩 물기를 포함한 진눈깨비는 시내를 온통 마비시키기에 충분했다. 그래도 잠시의 불편함으로 끝날 줄 알았다. 한데 그것으로 끝은 아니다. 함지산을 지키던 그 늠름한 낙락장송들이 이렇게 넘어지고 부러질 줄은 아무도 몰랐다. 어디 함지산 소나무만 수난을 당하였을까. 대구 인근에 있는 팔공산, 대덕산 등 모든 산의 소나무들이 똑같은 피해를 당하였다는 소문이 꼬리를 문다.

한민족의 기상을 상징하는 나무다. 엄동설한에도 겨우내 잎을 떨어뜨리지 않고 푸른 기상으로 산을 지켜온 소나무다. 푸른 잎에 갑자기 내린 진눈깨비가 차곡차곡 쌓여간다. 차라리 여느 나무들처럼 잎이라도 달고 있지 않았다면 이런 수난을 겪지는 않았을 것이다. 숙명인가. 운명인가. 한겨울 독야청청한다고 칭송을 받더니, 결국에는 큰 사달이 나고 말았다. 그렇게 잔인하게 산에 서 있는 생명을 앗아갔다. 촘촘하게 서 있는 나무들은 서로 의지가 되어서 피해가 적었지만, 비탈진 언덕에 듬성듬성 서 있는 나무들은 여지없이 부러지고 쓰러졌다. 얼마나 힘들고 아팠을까. 아프다는 신음소리 한 번 내보지도 못했다. 발이 없으니 자리라도 옮기지 못했을 것이다. 그냥 선 자리에서 닥쳐온 수난을 몸으로 다 받아내어야 했다.

소나무에는 움이 나오지 않는다. 보통의 잡목들은 중간 부분이 부러지면 뿌리에서 새움을 틔운다. 하나 올곧은 선비의 절개를 상징하는 소나무는 한 번 꺾이면 그만이다. 그렇게 허무한 죽음을 맞이하고 만다.

'쩌엉 쩡, 쩌엉 쩡.'

용갈이가 시작되는 소리다. 북풍한설 몰아치는 한겨울 연못의 얼음이 갈라지는 소리를 수없이 듣고 살아왔다. 두꺼운 얼음장 위로 수없이 그려진 용갈이를 본 적이 있다. 차디찬 겨울바람이 문풍지를 흔들며 귀곡성을 토해내는 밤이다. 기나긴 겨울밤의 소란스러움의 지독한 설한풍도 이겨내고 인고의 세월을 묵묵히 참으며 지내온 질긴 생명의 소나무다. 그런데 이게 웬일인가. 봄 날씨에 예기치 못한 불시에 찾아온 폭설 앞에 무릎을 꿇은 나무들이 처참한 몰골로 산을 지키고 있다. 한두 해도 아니고 적게는 몇 십 년, 많게는 백여 년을 족히 자랐을 나무들이 이렇게 힘 한번 써보지도 못하고 가지를 잃고 허리가 끊기고 뿌리째 뽑히고 말았다.

자연의 재해를 누구라서 막을 수 있겠는가. 또 세월이 흐르고 나면 솔씨 하나 떨어져 새싹 틔우고 그렇게 자라난 소나무는 다시 그 자리에서 자라날 것이다. 불가佛家에서 이르기를 무릇 생명이 있는 것이라면 '생자필멸生者必滅'이라고 하지만, 이건 아니다. 정말 어이없는 일이다. 나무인들 닥쳐올 운명을 알았겠는가. 천수를 다하고 가는 것이 모든 살아있는 것들의 소망이다.

자연의 큰 힘 앞에 숙연해진다 인간이라고 예외는 없다. 갑자기 엄마가 보고 싶다. 구순의 나이를 지나 이태를 더 사시는 엄마다. 한적한 요양원에서 무료한 나날을 보내는 엄마의 안부가 갑자기 궁금해진다. 노인들 잡수시기 쉬운 연한 먹거리 챙겨 들고 엄마를 뵈러 가야겠다. 지난밤 편히 쉬셨느냐고 안부를 물으며 얼굴을 어루만져 보고 싶다.

눈 감고 귀 막고

– 사투리 수필

야야, 내 말 좀 들어보그래이. 내 참다 참다 못해 속이 디비지고 심장이 벌렁벌렁해가 더는 참을 수 없어 니라도 붙잡고 하소연이라도 해볼라 칸다. 해도해도 엥간히 해야제. 시상에 이런 요잡스러운 일이 어디 또 있단 말이고. 시상이 말세가 되었는가. 문디 같은 인간 말종들이 별짓을 다한다 아이가. 남사시러버 말 꺼내기도 머 하다마는 그래도 내 하도 울화통이 치바쳐 오늘 작정하고 날 받있다 아이가.

시상에 인두껍을 쓰고 사람으로 태어났으면 음양의 조화에 맞쳐 장개가고 시집가서 아들딸 새끼 놓고 상강윤리 도덕을 갤키미 기르고 늙은 부모 지극정성으로 공양하고 사는 기 인간의 도리가 아이가. 헌데 백년해로하고 검은 머리꼬랑지 파뿌리가 되도록 살아가라는 말은 이제 고물상에 버려진 밑구멍

빠진 솥단지가 되어 뿌랐는 기라. 시상에 어쩌자고 1년에 결혼하는 수캉 이혼하는 숫짜가 엇비슷하다카이 말이나 되는 소리가. 또 있제. 결혼해가 살기는 산다마는 부부간에 정이라고 눈꼽맨치도 없이 살면서 남 앞에서는 다정한 부부처럼 행시하는 쇼윈도 부분가 뭔가도 있다 안 카나. 지들이 부부간에 정이 없어가 그렇다 치부하면 그만이다만, 시상 사람들 앞에 치면치레는 하고 저버서 다정한 부부행세를 한다니 이런 개차반 같은 일이 어디 또 있노.

게다가 아들딸 삼신할미가 점지해 주는 대로 내 복이다 하고 낳아서 잘 길러야 하는 긴데 어쩌자고 피임인가 먼가 요상한 짓거리를 함시로 삼신할매 헛고생만 시켜쌓노. 애써 생긴 얼라를 임신중절수술인가 먼가 하는 요상한 짓을 해서 생목심 날로 쥐기고 있으니 내 짱배기 털 나고 이런 요상시럽은 이야기는 오래전부터 들어싸서 이젠 놀랄 일도 아이다. 카지만 이래가지고 죽어서 조상님들 어찌 볼라 카는지 내사 마 알다가도 모르것다.

이러니 인구가 점점 줄어들고 인구절벽 시대가 오고 말았제. 그렇다고 지금 절믄것들만 뭐라 칼 수도 없는 일 아이가. 몇 십 년 전 인구폭발이니 머니 해싸면서 “잘 키운 딸 하나 열 아들 안 부럽다”고 아들딸 구별하지 말고 자식 하나 낳기 운동을 국가에서 대대적으로 선전했쌌더니 그리 될 수밖에 더 있겄나. 남녀 두 사람이 꼬꼬재배해갔고 한 가정을 꾸렸다면 최소한 두명은 낳아야 본전이라도 될 긴데 어쩌자고 하나만 낳자고 그 지랄들을 떨었는지 알다가도 모를 일이다. 게다가 유별난 교육열도 한몫을 거들었던 거 아이가.

야야, 그래도 여까끼진 그냥 그렇다고 치부해 뿌자. 시상에 평생 결혼을 하지 않겠다고 독신 선언 하는 거야 머 지 맘이라 하겠지만, 비혼식인가 먼가를 한다네. 더 웃기는 거는 비혼식인가, 독혼식인가를 버젓하게 지 혼자 하면서 일가친척 친구들 불러놓고 그동안 결혼 축의금으로 내놓은 돈 돌려 달라 칸다니 미치고 환장한 년놈들이 다 있제. 이 돈 받아서 이 시상 다 살 끼가, 아니먼 띠부자 댈 끼가. 잘난 대갈빡 굴리며 생각해 바라카이. 기가 차고 코도 맥힌다 아이가.

시상이 어려버져 젊은이들도 취직도 포기하고 결혼도 포기하고 인생마저 포기하는 삼포시대를 넘어 오포시댄가 칠포시댄가 있다 안 카나. 그러니 노총각 노처녀 몽달귀신 되기 십상인데 지 딴에는 화려한 싱글이라나 머라나 하민서 낄낄대는 꼴 어찌 가만히 보고 있겠노.

더 웃기는 얘기 하나 해보까. 예로부터 동방예의지국에서 결혼이란 부모가 맺어주는 남녀가 만나서 가정이 이루고 살아가는 기 음양의 조화요, 인간사 순리인데 머 요새말로 동성앤가 먼가가 있따매. 머스마 가스나 만나서 사는 기 시상 이치인데 어쩌자고 머스마는 머스마끼리, 가스나는 가스나끼리 서로 좋아서 산다는 기 있다 카이 지랄들 하는 일이제. 그라고 이

이바구를 백 년 전에 돌아가신 고조 할배가 들었다믄 박달낭구 몽디 갖꼬 쪼차오까 겁난다 카이.

요즘 나잇살이나 무따는 늙은 것들도 가관인기라. 40~50년 살 비비적거리고 살아온 내외가 나머지 인생 백년해로하면서 등때기 글거주는 재미로 살아야제, 어쩌자꼬 황혼 이혼이란 거이 들불처럼 유행해서 두부모 짜르듯이 갈라서는 일도 다반사요, 졸혼인가 먼가를 해서 독수공방이 웬말인고. 거저 부부가 같이 늙어가면 서로가 서로를 고상 마니 했다고 불쌍하게 생각해서 없던 정나미도 새로 생긴다 카는데 가리 늦게 머하는 짓인지 선하품만 나오는 이야기를 듣고 내 어쩔 줄 몰라 밤잠이 안 온다 아이가.

아예 더러븐 어지러운 시상 내 두 눈 찔근 감고 귀 틀어막고 보지 말고 듣지를 말아야제. 이놈의 시상 어찌될라꼬 이 모양이 꼬라지인지 나도 모르고 니도 모르니 우짜마 조켔노. 이러다 단군할배 이후로 반만년 굳건하게 맥을 이어온 백의민족의 동아줄보다도 더 질기고 굵은 밍줄이 끊어질까 두렵고 무섭다. 하마 이런 일이사 없겄지만, 사람이 하는 일을 우째 알겠노.

옳거니, 우짜던동 나라님이 나랏일 잘해서 잘사는 나라 맹글고 백성들은 자기 맡은 일에 땀범벅이 되도록 일해서 이 나라가 날로 부강해갔고 자자손손 천년만년 번창한 나라가 되기를 정화수 떠 놓고 매일 밤 빈다고 될랑가 모리겄다. 에라, 다 치아뿌자. 니들이 알아서 하래이. 내가 걱정하고 푸념한다고 변할 끼 없는 시상, 탁배기 한 쪽대 퍼 마시고 눈 감고 귀 막고 등신맹구로 없는 듯이 살다 갈란다. 니들 멋대로 살아바라. 그래야 내 속이라도 핀할 끼다.

수필 쓰기

오늘도 애꿎은 컴퓨터만 켰다 끄기를 반복한다. 글을 쓰고 싶은 욕망은 간절한데 강박관념에 사로잡혀 글이 되지를 않는다. 머리가 지끈거리며 아파 온다. 그러다가 몇 줄의 글도 채우지 못하고 또 지운다. 도대체 마음의 갈피를 잡지 못하겠다.

글쓰기를 포기하고 상념에 잡힌다. 이 생각 저 생각에 머리는 더 아프다. 그래도 포기할 수 없어 새로운 소재를 찾기 위하여 책을 펴든다. 월간지로 발행되는 수필 전문문학지다. 이름이 잘 알려진 선배 수필가들의 글을 찾아 읽는다. 아차! 이거구나 하고 컴퓨터 앞에 다시 앉지만 단 석 줄의 진도도 나가지 못하고 또 막히고 만다.

세찬 바람이 불어온다. 거센 바람 소리에 창문 덜컹대는 소리가 예민해진 신경을 마구 자극한다. 팔공산 바람은 유난히도 거세다. 산바람을 마주하고 견디어낼 용기가 없어 밖으로 나갈 엄두도 내지 못하고 서재에 틀어박혀 있다. 담배라도 한 대 피웠으면 좋으련만 금연을 선언한 지도 1년이 넘었으니 마른침만 삼키며 애써 참아본다.

이대로는 도저히 견디지 못하겠다. 용기를 내어 방한모에 두꺼운 외투를 걸치고 마스크에 털장갑으로 단단히 무장하고 밖으로 나선다. 팔공산 겨울 산바람이 매섭다고는 하지만 아무렴, 까짓 바람에 날려가기야 할까 하는 객기도 한몫을 거든다. 산모롱이를 돌아가는데 숨이 턱까지 차오른다. 그래도 상념의 조각들을 줍고 버리기를 반복한다. 갑자기 조금 전에 버린 생각의 조각들이 세찬 겨울바람에 오들오들 떨고 있을 것 같아 불쌍한 생각이 머리를 스친다.

수필가라는 이름을 가슴에 달고 살아온 지도 벌써 6년의 세월이 흘렀다. 낯선 사람을 만나 수인사를 나눌 때는 어김없이 '수필가 ○○○'이라는 글자가 박힌 그럴듯한 명함을 내밀어 나를 알렸다. 솔직히 말해서 다른 직함이나 명함이 없는 것도 아니지만, 그래도 수필가라는 식함이 가장 그럴듯해 보여서 이 명함을 주로 이용하고 있다.

차츰 마음의 평정이 찾아온다. 오랜만에 갖는 한가한 시간에 나를 돌아본다. 거만함과 자만심이 도를 넘어 하늘을 우롱하고 있었다. 한 달에 한 편을 글도 쓰지 못하는 주제에 허울뿐인 수필가라는 명함만 남발하고 다녔다. 도대체 나는 누구이며, 내 정체성은 무어란 말인가. 한심하다는 생각에 주위를 살핀다. 다행히 손가락질하며 비웃는 눈길은 없지만, 침묵의 시간으로 인고의 겨울을 버티고 서 있는 나무들에게 미안해져 고개를 깊이 숙이고 만다.

나 스스로 내가 대단한 예술가라고 생각해본 적은 없다. 그냥 평범한 삶을 살아가는 서민으로서 한 가닥의 생각을 정리한 글을 사랑할 뿐이다. 그 글을 쓰기 위해서 오늘도 이런 방황을 계속하고 있다. 그래도 내일은 산뜻한 글감 하나 찾아서 좋은 글을 쓰고 싶다.

앞서 간 선각자들이 이르기를 "아는 것은 좋아하는 것만 못하고 또한 좋아하는 것은 즐기는 것만 못하다."라고 했던가. 고통이 따르지 않는 출산은 의미가 없는 법이라고 했다. 오늘같이 처절하게 고민하고 아파하면서 글쓰기를 좋아하고 즐기다 보면 언젠가는 나를 뛰어넘어 내 글을 읽어주는 독자마저 감동하게 할 좋은 수필 한 편 쓰게 되리라 애써 위안을 해본다. 언젠가 될는지 기약은 할 수 없지만, 그날이 오면 제일 먼저 아내 앞에서 자랑하며 큰 소리로 내 글을 읽어 주고 싶다.

새알심 정성

벌써 겨울의 문턱에 들어섰는가. 이른 아침 뜰 앞에 나서니 스치는 바람결이 제법 날카롭다. 겨울이 시작되려나 보다. 내일이 동짓날이란다. 아내의 성화를 감당해내지 못해 게으르게 몸을 일으켜 시장으로 향한다. 때맞추어 오늘이 장날이다. 노인이 시린 손으로 건네주는 붉은팥 반 되와 아직 귓불에 홍조가 남아 있는 방앗간의 고운 아낙에게서는 멥쌀을 섞어 곱게 빻아놓은 찹쌀가루 반 되를 샀다.

아내는 동지팥죽을 끓이겠다고 부산을 떤다. 얼마 후 곱게 삶아진 붉은 팥이 예쁜 모습으로 소쿠리에 담겨있다. 아무리 규모가 작다고 해도 영업장은 영업장이다. 찾아오고 나가는 손님 뒤치다꺼리하면서 동지팥죽 끓일 준비하랴, 이런 일 저런 일에 종일 시달린 아내의 몸이 무거워 보인다 싶더니, 나에게 새알심을 만들어보라는 지엄한 명령(?)이 떨어졌다. 어느 명령이라고 감히 거역할 마음이라도 가질 수 있겠는가. 화톳불에 엉덩이 덴 송아지처럼 벌떡 일어나 밖으로 나간다. 깨끗이 손을 씻고 들어오니 뜨거운 물로 곱게 반죽해 놓은 쌀가루 덩어리가 내 앞에 척하니 놓인다.

처음 해보는 일이다. 지난해까지만 해도 아내 혼자서 다 하던 일이다. 그래도 재미있을 것 같아 군소리 없이 다가앉는다. 먼저 큰 덩어리에서 한 주먹 정도 되게 떼어내어서 손으로 주물러 길쭉하게 만들고, 다시 조금씩 떼어내어 손바닥에 놓고 살살 돌려가며 비빈다. 꼭 우리 어머니가 삼신할미나 조왕신에게 치성드릴 때 하는 비손과 같다. 그래 됐다. 그까짓 새알심 만드는 것쯤은 일도 아니다.

새알심 만들기에 열중할 무렵 손바닥에서 사각사각 소리가 난다. 시간이 지남에 따라 고운 쌀가루가 손바닥에 말라붙어 마찰음이 내는 소리다. 갑자기 경건한 마음에 옷깃이라도 여미고 싶어진다. 그러고 보니 올해에는 우리 집안에 많은 일이 지나갔다. 대가족으로 한 해를 살다 보면 기쁜 일도 있겠고, 궂은일도 항상 있어온 일이지만, 큰 걱정을 가져오는 우환이 두 번씩이나 있었다.

미수米壽를 눈앞에 두신 부모님이 계시니 노인네 잔병치레로 병원 출입쯤이야 늘 있는 일이다. 아무리 그렇다 해도 지난 가을 끝 무렵 아버지께서 중병으로 고생하셨다. 삶과 죽음의 고비를 넘나들며 이십여 일을 넘게 대학병원 중환자실에 계셨으니 당신은 물론이요, 온 집안이 비상상태가 되었었다.

그보다 더 어렵고 힘든 일도 있었다. 여름 초엽에 건강하고 잔병치레 없는 아내가 탈이 나고 말았다. 애초에는 병이 난 줄도 몰랐다. 그냥 신경이 예민해져서 짜증을 자주 부리는 줄로만 알았다. 그러다 어느 날 자세히 살펴본 아내의 얼굴과 눈빛이 달라져 있었다. 초저녁 잠보였던 아내는 잠도 잘 자지 못한다. 게다가 사소한 일에도 사람을 의심하고 신경질을 부리는 일이 잦아졌다. 이러다 큰일이라도 나겠다 싶어 아내를 달래어 신경과의원을 찾았다. 우울증 증세라고 한다. 많은 생각이 머릿속에 가득하다. 그렇게 심성이 곱고 참하던 아내가 우울증에 걸리다니 모두 내 잘못이다. 팔공산 후미진 골짜기에 혼자 남겨두고 바람처럼 밖으로만 나돌아 다닌 내 죄로 말미암음이다.

여기저기 수소문을 해본다. 우울증도 일종의 정신상태 이상으로 찾아오는 병이라고 했다. 아무래도 정신과 병원을 찾아가야 할 것 같나. 그래도 정신병원을 간다는 것이 께름칙하게 생각된다. 조심스럽게 넌지시 아내에게 운을 떼어보니 예상 외로 순순히 따라나선다. 해서 4개월 가까이 약물 치료를 했다. 다행스럽게도 상태가 매우 호전되었다. 담당의사도 초기에 잘 치료하였다고 칭찬이 대단하다.

새알심을 만드는 손에 더욱 정성이 담긴다. 어느 한 해 가족의 건강이 중요하지 않은 해는 없었지만, 아내와 내가 정성껏 만들어 맛나게 잘 쑤어놓은 동지팥죽 한 그릇씩 뚝딱 먹어치우고, 내년에는 우리 가족 모두가 모든 액운을 물리치고 더욱 건강했으면 참 좋겠다.

"휘이! 잡귀들아, 썩 물렀거라!"

짝사랑 이야기

사랑. 이 말만큼이나 여러 가지 의미로 우리에게 다가오는 단어도 그리 흔치는 않을 것 같다. 포근한 가슴을 연상하게 하는 어머니의 한없는 사랑, 자기의 목숨마저도 감히 내던질 수 있는 고귀한 희생적인 사랑, 가슴 설레며 긴 밤을 잠들지 못하는 청춘의 장밋빛 뜨거운 사랑, 영원토록 변할 줄 모르는 조용한 짝사랑. 이러한 것들을 우리는 통상 그저 사랑이라는 한 단어로 표현한다

누구나 그렇듯이 나에게도 숨겨진 짝사랑의 이야기가 있었다.

1990년. 내 깜냥에 걸맞지 않게 방송통신대학교 대구, 경북 지역 총학생회장이라는 직책을 맡아 한 해를 보내려 했던 때, 누군가의 도움이 절실했었다. 그때 내 곁에 와 주었던 어느

여인이 있었다. 아니 그가 내게 와 준 것이 아니라 내가 그를 애타게 찾았다.

총학생회장 선거 당시 우리 편이 아닌, 상대 후보의 최측근 참모였던 그였다. 선거가 끝나고 나서 나를 도와 줄 사람이 절실히 필요했을 때 맨 처음 그를 생각해 냈다. 그의 영입이 쉽지 않은 상황이었다. 옛날 중국 삼국시대 유비의 삼고초려에 버금가는 수고를 마다할 수 없었다. 드디어 그는 총학생회의 부회장이라는 타이틀로 활짝 웃는 얼굴로 내 곁으로 와주었다.

내가 처음 그를 보았을 때 결코 빼어난 미인이랄 수는 없지만 화사한 마스크. 어깨까지 내려오는 긴 파마머리. 어딘가 모르게 어색한 몸놀림. 약간은 비음 섞인 어눌한 말투. 웃을 때 살짝 변하는 그녀의 눈웃음. 이런 영상들이 나를 사로잡을 만했다.

그리고 어렵고 힘들긴 했어도 보람 있었던 한 해였다.

그녀는 대구 캠퍼스에서의 크고 작은 수많은 행사는 물론, 서울을 위시한 전국 총학생회 행사에 품앗이로 참석해야 할 때 항상 말없이 동행해주던 아름다운 마음씨를 가졌었다. 특히 전라북도 전주 총학생회 주최 여학생수련회에 갈 때는 직장에서 밤샘 야근을 하여 피곤할 터인데도 씩 한번 웃고는 앞장서서 갔던 고마운 마음이 아직도 잊히지 않는다.

그리고 우리는 무사히 한 해의 중책을 마치고 서로의 위치로 돌아갔다. 주어진 일에는 시간을 잊어가며 자기의 맡은 일을 마다하지 않던 그에게 고맙다는 따뜻한 인사마저 변변히 하지 못했던 것은 나의 성격 탓이리라. 그리고 가끔은 서로의 안부를 주고받으며 살고 있다.

얼마의 시간이 흘렀다. 대구 상인동 지하철 참사가 있던 날, 경북 안동에서 근무하고 있던 나는 얼마나 가슴을 졸였던지. 그의 출근길이 그 길이었으니까. 전화기를 통하여 들려오는 그의 웃음 섞인 낭랑한 목소리에 또 얼마나 감사했던지 모른다.

오래전 흘러간 어느 유행가에 "이제는 사랑하는 사람이 곁에 있을까 봐 이름을 밝힐 수 없어요."라는 노랫말처럼 혹시 이 글로 인해 선의의 피해가 있을까봐 지금 새삼스럽게 그의 이름을 밝히지 않는 것이 좋을 것이다. 그래도 나의 가슴 속에 남아있는 아름다운 혼자만의 짝사랑을 해보는 것도 결코, 나쁘지는 않으리라. 이순耳順의 나이를 넘긴 사람이 이런 글을 쓴다는 것이 한갓 비웃음의 대상이 될까 두렵기도 하다. 그래도 나에게는 소중한 인연이고 십수 년을 소중하게 간직해 온 사랑이니 욕 좀 얻어먹은들 대수겠는가.

결코 우연한 만남이 아니라 숙명처럼 몇 겁의 인연으로 만났을 사람에 대하여 작은 욕심 때문에 아름다운 사랑이 더럽혀

지기를 절대로 원하지 않는다. 그리고 이제까지 그랬듯이 항상 조용히 지켜보고 싶다.

어느 날 무료한 시간에 부질없는 나의 짝사랑을 생각해 내고는 가만히 적어본 낙서 한 편을 그녀에게 띄운다.

동백꽃

빠알간 동백꽃이
섬마실 뒷골목 지키는
빠알간 동백꽃이 꼭 그대를 닮았음을
어젯밤 달님의 속삭임으로 알았습니다.

목마른 보고픔으로
빠알간 동백꽃으로 변한 것은
나무꾼과 선녀의 꿈으로
지난밤 생각해내고는

모가지 떨어진 외로운 고혼처럼
검은 동토 위에 뒹구는 나목처럼
처절한 몸부림만 가득한데
사랑의 불꽃이 동백꽃 되어
어두운 밤 환히 밝히고 있음에야….

벽오동 심은 뜻은

팔공산 자락에 사랑채를 열고 산 지도 벌써 3년이 지났다. 아내는 계단 청소를 한다고 수돗가에서 대걸레를 빨고 있다. 이마에 땀방울이 송골송골 맺혀 있다. 매일같이 반복되는 일이다.

3년 전 이곳에 들어왔을 때 시선을 끄는 조형물이 있었다. 주차장 모퉁이에 길게 자리 잡은 화단이다. 몇 사람을 거쳐 내 손에 건너온 건물이므로 누가 만들었는지는 확실하지 않다. 넓은 주차장이 너무 평범하다 싶어서인지도 모르겠다. 바닥에서 1미터 정도 높이로 흙을 퍼다 쌓고, 주위는 큰 장식돌로 마감하였다. 영산홍 몇 그루와 보잘것없는 야생화 몇 포기가 전부인 화단 한쪽 귀퉁이에 벽오동 나무 한 그루가 생뚱맞게 자리를 잡고 서 있다. 게다가 그 옆으로는 콘크리트로 된 지하

수 펌프 맨홀이 자리 잡고 있어 옹색한 틈을 비집고 초라하게 나무가 서 있다.

처음 벽오동나무를 심은 사람의 속뜻이 봉황이라도 보고자 했음인지 모르겠지만, 화단 한 귀퉁이에 심겨 있는 나무는 아무리 보아도 주위와 조화를 이루지 못하고 있다. 게다가 작지 않은 몸집으로 좁은 공간에 뿌리를 박고 서 있는 모습이 답답하기만 하다. 항상 생기가 없어 보인다. 생명의 힘이란 그렇게도 강인한 것인가. 용케도 죽지 않고 잘 견디며 모진 목숨을 이어가고 있다. 봄만 되면 녀석은 다른 식물보다 좀 늦다 싶게 새 잎을 피운다. 한여름 뙤약볕이 기승을 부리기라도 하면 곧 죽을 듯이 잎이 시들다가도 밤이 되면 다시 생기를 찾는다. 또 가을이 되면 남보다 먼저 단풍이 들고 커다란 낙엽을 떨어뜨리고 겨울을 맞는다.

벽오동나무를 볼 때마다 조금만 더 깊이 생각하여 처음부터 넓고 여유로운 곳에 심었으면 좋지 않았을까 하는 생각이 든다. 하필이면 저 좁은 공간에 벽오동나무를 심어 놓았을까? 처음 심었을 때는 아마 작은 나무였겠지. 세월의 흔적만큼이나 자라버렸다. 지금 옮기기에는 몸집이 너무 커버렸고, 다른 곳으로 옮겨 심으려다 잘못하면 나무를 죽일지도 모른다는 생각에 엄두를 내지 못하고 있다.

아내가 벽오동나무를 참 많이도 닮았다는 생각이 든다. 스물두 살 어린 나이에 대가족 장남을 신랑으로 만나 30년도 넘게 살아왔다. 단칸방에 가난으로 찌든 집의 시집살이였다. 게다가 성격은 급하고, 일 저지르는 데는 이등 가라면 서러워할 남편. 끼어들기 좋아하고 남 앞에 나서기 좋아하는 사람 뒤치다꺼리하면서도 말없이 살아왔다. 그것뿐만 아니다. 부전자전이라고 성격마저 남편과 똑같은 시아버지에, 자상함마저 병이 되어 돌아오는 시어머니를 때맞추어 불평하지 않고 봉양했다. 적잖은 시동생 시누이도 이런저런 일로 마음 쓰이게 하는 집안이다. 어린나이에 직장생활을 하면서도 빼놓을 수 없는 가정사였다.

쉰 살을 훨씬 지나 이제는 편히 쉴 나이이다. 지금보다 나이가 더 들어 자식에게 신세를 지지 않겠다고 저 고생을 한다. 머지않아 남의 나이를 살아야 할 아내의 수고를 당장에라도 덜어주고 싶지만 마땅한 대안이 없으니 곁에서 지켜보는 내 마음이 바늘방석이다. 하루 이틀도 아니고 매일 반복되는 고된 일에 때로는 짜증도 부리지만 그 순간이 지나고 나면 그만인 아내다. 어젯밤에도 발목이 쑤신다며 파스를 붙이며 통 잠을 이루지 못하는 모습에 나도 깊은 잠을 청하지 못한다. 하루에도 수십 번씩 계단을 오르내리는 일이 무리인 것 같다. 날이 밝으니 또 계단 청소를 한다고 저렇게 걸레질을 하고 있다.

참 고운 모습이었다. 스물두 살, 꽃도 채 피기 전에 나를 만나 결혼하였다. 이것도 운명인가. 만일 내가 아닌 다른 사람 만났더라면 어떻게 되었을까? 아마 지금쯤 고운 얼굴에 화사한 웃음꽃을 피운 중년의 부인으로 살고 있을지도 모른다는 생각에 미안한 마음이 문득 스친다.

슬쩍 곁으로 다가가서 아내의 대걸레를 빼앗아 든다. "웬일이우? 안 하든 짓 하면 오래 못 산다던데." 말은 그렇게 하면서도 눈길이 한결 부드러워진다. 진작 남자의 힘으로 하면 될 일을 웬 뒷북이냐는 눈치이다. 모른 체하며 빨아놓은 걸레를 들고 집안으로 향하는 내 뒤를 아내가 따라온다. 아무래도 건성으로 대충대충할까 봐 또 걱정인 모양이다.

사람은 나이가 들어가면서 택호宅號를 가진다. 택호는 통상 마을의 이웃 사람들이 지어주는 것이 보통이다. 그러나 외딴 산협 골짜기에 살고 있으니 택호를 지어줄 마땅한 이웃도 없다. 나 스스로 우리 부부의 택호를 만들고 싶다. 외롭고 힘에 겨운 삶을 살고 있는 모습이 벽오동나무와 흡사하게 닮았으니 '오동댁'이라고 부르면 어떨까?

뜰 앞 화단 벽오동나무에 바람이 지나가는지 '쏴'하는 소리가 들려온다.

건배사

새해가 밝았다. 새해가 시작하면 직장에서는 으레 시무식으로 새해의 새로운 각오를 다지게 된다. 또한, 1월에는 각 단체에서는 신년교례회 등으로 모임을 자주 가진다.

직장에서 퇴직한 지 벌써 8년이나 되었으니 기분 좋은 시무식에 참석하여 덕담을 주고받을 일이야 없지만, 이런저런 사회모임에 가입되어 있어 신년교례회에는 몇 번 참석하게 된다. 이런 모임에서 빠지지 않는 요식행위가 바로 건배를 하는 것이다. 건배는 사전적인 의미로 술잔의 술을 다 마셔 비운다는 뜻과, 모임의 좌석에서 서로 잔을 들어 축하하거나 건강 또는 행운을 비는 일을 말한다. 건배할 때는 으레 건배사를 하게 된다. 건배사는 한때 군사문화라고 하여 좋지 않게 생각하는 경향도 있었다. 그러나 그것도 잠시 찻잔의 태풍이었을 뿐이고 지금은 모든 모임에서 빠지지 않고 건배사를 한다. 건배사는 간단한 덕담에 이어 건배사에 걸맞은 구호를 제창하게 된다. 흔히 덕담을 담은 건배사와 구호를 합쳐서 건배사로 부른다.

건배사의 유래는 대로마시대 지중해 패권을 놓고 다투던 카르타고의 병사가 로마군이 즐겨 마시는 포도주에 독을 타는 데에서 비롯되었다고 한다. 이후 로마에서는 반드시 건배를 하고 독이 들지 않았음을 확인시키는 풍습이 생겼다고 한다.

건배사로 치면 우리만큼 유별난 나라도 드물 것 같다. 옛날이나 지금이나 가장 흔한 건배사의 구호는 '위하여!'다. 좋은 뜻으로 이 모임에 참석한 모든 사람의, 모든 것을 위하여 건배하자는 뜻이다. '위하여'는 애초 군사문화에서 시작되었다 한다. '국가와 민족을 위하여'라는 거창한 구호에서 앞에 문장은 생략되고 '위하여'가 되었을 것이다. 그러나 이 건배사를 들을 때마다 어딘가 애매모호하고 두루뭉술하게 넘어가는 것 같아 항상 미진한 구석이 남아 있다.

내가 직장에 근무할 때 어느 상사분은 조금은 특이한 건배사를 제의한 적이 있었다. 상사께서 술잔을 들고 "됐나!"하고 외치면 모두가 한목소리로 "됐다!"라고 외쳤다. 당시에는 새로운 건배사에 신선함을 느꼈고 구성원 사이에 간격을 없애는 구호라고 생각되어 무척이나 좋아하였다. 그 후 나도 모임에서 이 건배사를 많이 애용했다.

시대가 변하고 세월이 흐르면서 건배사도 차츰 변하게 된다. 새로운 건배사가 유행가만큼이나 새로 생기고 없어지곤 했다. 그러다 어느 날부터인가 건배사는 첫 글자만을 따서 줄이는 것이 유행처럼 변했다. 그 가운데 오래 기억에 남는 것으로 '당나발' 또는 '개나발'이다. 조금은 외설스럽기도 하고 욕설같이 들리기도 하지만, 그 뜻은 '당신과 나의 발전을 위하여' '개인과 나라의 발전을 위하여'이라고 한다. 하여 '개나발' '당나발'이라고 외치는 건배사는 꽤 오랫동안 사람들의 입에 오르내리며 사랑을 받았다.

그것도 싫증을 느꼈는가. 언제부터인가. '당신 멋져'라는 말이 유행처럼 번져가기도 했다. 글자 그대로 '당신이 멋있다'는 뜻도 있으나 본래의 뜻은 '당당하고 신나고 멋있게, 그러나 때로는 상대방에게 져주기도 하자.'라는 말이란다. '당신 멋져'가 주춤할 때쯤 뒤를 이어 나온 건배사가 '오바마'다. 마침 미국 대통령 이름이 오바마인 영향도 있었으나 본래의 뜻은 '오직 바라는 대로 마음먹은 대로'라는 뜻을 담고 있다. 이 건배사가 한창 유행을 탈 때쯤 정부의 고위식 한 분은 '오바마'라는 건배사를 잘못 인용하여 '오빠, 바라보지만 말고 마음대로 해.'로 농담을 했다가 하루아침에 높고 귀한 감투까지 벗어야 했다.

얼마 전에 귀한 분한테 들은 건배사가 머릿속에서 맴돈다. 그분은 '빠삐따'로 하자고 했다. 뜻은 '모임에 빠지지 말고, 삐딱하게 삐치지 말고, 따지지 말자!'라는 뜻이란다. 신선한 느낌

이 드는 건배사다. 어떤 모임이든지 참석이 우선적이고 작은 일에 삐쳐 모임에 나오지 않는 것은 아주 좋지 않은 결과를 가져온다. 또한, 매사에 미주왈고주왈 따지는 소인배적 행위도 결코 좋은 모습은 아니다.

이 외에도 만사형통 운수대통 의사소통을 뜻하는 '통통통'이 있고, 소통과 화합이 제일이라는 '소화제'도 있다. 이렇게 많은 건배사 중에 압권은 '너나 잘해'라고 생각한다. 그 뜻은 '너와 나의 잘 나가는 새해를 위해'라고 하지만 듣기에 따라서 냉소적이고 조소적인 뉘앙스가 풍기는 건배사다.

모임에서의 건배사는 분위기를 고조시키고 조직의 화합을 다지는 역할을 한다. 하여 건배사는 대개 그 모임의 상석에 해당하는 몇 사람이 하게 된다. 건배사를 하는 사람도 같이 복창하는 사람도 한마음으로 건배사를 외치지만, 잠시뿐이다. 건배사가 너무 흔하다보니 단지 식순의 하나로 간주하는 경향이 있다. 게다가 장황하게 사족이라도 붙이면 지루하게 생각한다.

시대의 변화만큼이나 다양한 건배사가 또 생겨나고 없어질 것이다. 내년 이맘때쯤에는 어떤 건배사가 우리를 기쁘게 할는지 벌써 궁금증이 일어난다. 우리 국민 전체를 하나로 묶을 수 있고 품격을 지닌 건배사의 구호가 기대된다.

연煙 선생 하소연

주酒 형!

내 신세 어쩌다 이리도 딱하게 되어 어디에다 하소연할 곳도 없던 차에 주형을 만났소. 오늘은 내 작심하고 신세 한탄이나 한번 늘어놓을 터이니 불쌍한 놈 살려주는 셈치고 한번 들어보시오.

내 일찍이 먼 나라에서 여기 해동성국 조선까지 들어와 한때는 부척이나 사랑받고 살았소. 지체 있는 양반네들은 물론이요, 사랑방 훈장님도 나 없이는 하루도 살 수 없다 하여 쌈지에 고이 간직하고 허리춤에 차고 다녔잖소. 그들도 사람인지라 살다 보면 허허로울 때도 있는 법, 서럽거나 때로는 좋은 벗 만나 나의 체취가 그립다 싶으면 고운 쌈지 얼른 열었지요. 숙련된 솜씨에 부싯돌로 불을 붙이거나 형편이 좋으면 성냥으로 꽃불 만들어 내 몸을 사르며 풍류를 노래했소. 내 이 정성에 보답하고자 이 한 몸 불살라 흰 연기 만들어 그들의 괴로운 심사를 마음껏 달래주고 허공에서 공중제비 춤을 추며 한 일생을 마치기도 했지요. 어디 양반이나 서당 훈장님만 나를 사랑했겠소. 일 년 내내 농사일에 뼈마디 삭신 성할 날 없는 흙투성이 농사꾼도, 허리 휘도록 빈 지게 가득 채운 나뭇짐 지고 오는 선머슴 녀석도 고개 하나 넘어 쉴 참이면 어김없이 나를 찾지 않았겠소. 그래서 모두 우리를 심심초라 했으니 기쁠 때나 외롭고 쓸쓸할 때, 궂은 비 내려 할 일 없고 심심할 때면 제일 먼저 나를 찾았잖소.

가난에 찌들어 연초 한 봉지 살 수 없는 범부들은 또 어떻게 했소. 아무리 먹고살기 어려워도 금쪽같이 귀한 비탈진 다랑이 밭 한쪽 귀퉁이에다 정성스럽게 나를 가꾸었지요. 그러다 내가 노랗게 제 빛을 찾을 때면 고이 베어다 햇빛 들지 않는 그늘에서 잘 말려 놓았다요. 궂은 날이나 마땅히 할 일 없는 조용한 밤, 목침 받혀놓고 날 선 장도칼로 곱게 썰어놓으면 한양 부자 연초봉지 부럽지 않았으니 그때 내가 인간들로부터 받은 사랑이야 말해 무엇하겠소.

빠른 것이 세월이라 우리나라가 일제의 압박에서 허덕이고 있을 때 궐련이라는 새로운 모습으로 나를 바꾸었지요. 얇은 종이에 내 한 몸 감싸고 세상에 나오니 모두 환장했지요. 우리가 이 나라 백성으로부터 사랑받았던 때는 아마 '백조' '청자'라는 이름으로 불릴 때였으니 이때가 자유당 시절이었겠고, '아리랑'이라는 이름으로 포장되어 가장 사랑받던 시절은 새마을운동 경제개발에 우리나라가 한창 들썩이던 시절 아니었겠소. 흰 포장지 위에 태극 문양으로 춤추는 무희의 모습은 조지훈 시인의 승무만큼이나 아름답기도 했지요. 이때가 아마도 이 나라 이 땅에 살고 있는 내게 최고의 전성기가 아니었나 싶소. 어쩌다 얻어 피운 외국 담배 한 개비 때문에 철창신세까지 지는 일이 있었으니 말이요.

인간들의 변덕이야 주 형이나 내가 익히 잘 알고 있던 터, 심심하면 새로운 이름에 새로운 포장으로 세상에 우리 종족들을 내보냈으니 나이 먹어 기억력조차 희미해진 우리가 어찌 다 일일이 기억하겠소. 요즘은 '엣쎄(Esse)'다, '리치(Rich)'다, '심플(Simple)'이다 하면서 외래어 이름까지 달고 있는 동족이 더 많으니 어쩌면 지금이 참으로 호강하는 시절인지도 모르지요. 인간들의 변덕 때문에 주 형 신세도 얼마나 많은 모양으로 탈바꿈 당했소. 또 얼마나 많은 이름으로 불렸소. 아무래도 주 형은 막걸리가 제격이고, 곱게 가라앉혀 걸러낸 청주가 제 모습이잖소. 그 많은 민속주에 소주로 변신하고 그 이름의 가짓수는 또 얼마요. 게다가 외국에서 들어온 양담배, 양주라는 것들도 돈만 주면 남한 땅 어디에서나 마음껏 구할 수 있으니 이놈의 세상 어디로 가게 될는지 모르겠소.

그렇게 좋던 시절 어느 때이던가. 마냥 인간의 사랑을 받으며 천년만년 잘 지낼 줄 알았는데, 어느 날인가 변덕스럽게도 인간들은 주 형과 나를 건강을 해치는 일급 주범으로 전락시키고 말았소. 하루아침에 우리를 이렇게 멀리할 줄 꿈에서나 생각했겠소. 그래도 아직은 나를 잊지 못해 간절하게 찾는 인간들이 있어 조금은 위안 받으며 살고 있는데 내 몸 감싼 포장지에 "과다한 흡연은 건강에 해롭습니다."라고 하더니 요즈음은 한술 더 떠서 뭐라고 적어놓았는지 아시오. "경고: 건강을 해치는 담배 그래도 피우시겠습니까?"라고 적어놓았소. 참으로 기가 차고 숨이 막힐 지경이오. 그러고 보면 주 형 신세도 별로 다를 것이 없지요. "경고: 지나친 음주는 간경화나 간암을 일으키며 운전이나 작업 중 사고발생률을 높입니다."

주 형!

몇 해 전 내가 우리 주인 안주머니에 고이 간직되어 유럽여행을 하는 행운을 누린 적이 있소. 프랑스, 독일, 이탈리아, 스위스 등 몇 개 나라를 돌아보았는데 우리나라보다 더 선진국이라고 자타가 공인하는 그들 국가에서는 그렇게 호들갑을 떠는 것 같지 않았소. 남녀 구분할 것 없이 자기가 원하기만 하면 아무런 제약을 받지 않고 그들은 우리를 즐기고 있습디다. 내가 몸을 불태워 인간들에게 봉사하고 나면 필연적으로 남게 되는 꽁초라는 물건이 있잖소. 자연이 아름답기로 세계에서 소문난 스위스라는 나라에서는 예외입디다만, 다른 나라에서는 꽁초를 아무데나 버려도 누구 하나 시비하지 않았소. 심지어 공공식당 열차대합실에서도 당당하게 불태우고 꽁초를 버립디다. 꽁초, 쓰레기를 버리는 것이 일자리 창출에 일조한다나, 뭐라나. 내 소견으로 생각해 보아도 우리가 살고 있는 이 나라는 호들갑이 너무 심한 것 같소. 이것도 우리가 태어난 이 나라 국민성 때문입니까? 아니면 미국이라는 초강대국을 닮아가고자 하는 욕심 때문입니까?

또 우리를 경멸하거나 못살게 하는 인간이 하는 짓을 좀 보시오. 주 형이나 내가 그렇게 나쁜 몹쓸 것이라고 만천하에 선전할 거라면 애당초 만들지를 말아야지. 하루에도 수천만 갑, 수백만 병씩 만들어 공장에서 팔려나갈 때를 보시오. 물건값에 터무니없는 세금을 붙여 큰 이득을 보고 있지요. 자신이 못나고 조상 잘못 만나 서럽게 한 세상을 살면서 춥고 배고픈 하층 인생들이 말이오. 한때의 시름을 잊고자 마시는 한 잔의 소주, 한 개비의 담배에서 거둬들이는 세금이 아무래도 너무 과다하다고 생각지 않으시오? 그렇게 거두어들인 세금이 당초의 목적에 맞게 쓰이는지는 우리야 알 길이 없지만, 그래도 어쩌겠소. 나라님들이 하시는 일인데.

주 형!

술, 담배 끊어 받는 스트레스보다는 적당히, 기분 좋게 기호식품으로 즐기는 인간들이 아직은 많이 남아있으니 오늘 당장 목숨 끊어질 일이야 있겠소. 그러나 앞으로 우리들의 운명이 어찌될지는 하늘에 계시는 옥황상제님도 모를 일이지요. 우리가 죽을 때 죽더라도 미리 신세한탄하며 독한 농약 한 모금 탁 털어 넣고 이 세상 하직하기에는 구박받으며 살고 있는 우리의 삶이 너무 아쉬운 것 같구려. 이보다 더 좋아지리라는 보장보다는 보다 더욱더 심한 압박이 찾아올 것 같은 예감 때문에 밤잠을 설쳐야 하겠지요. 몇 천 년 몇 백 년이고 살아남아 영화롭게 다시 살아보고 싶기도 합니다만, 이제 대세는 기울어지고 서산에 해는 넘어가고 있으니, 주 형께서나 천수를 누리며 오래 살아 배고프고 불쌍한 중생들 많이 위로하며 좋은 복락을 누리시오. 모질게 살아온 긴 여정, 그래도 험한 풍파 이겨내며 살아가야 할 내 운명 어찌될지는 그 누구도 알 수 없는 일이니 나 작심하고 주 형에게 미리 안부 인사를 건네는 바이오.

주酒 형!

사랑하오, 연煙 선생

석 달 열흘 억수장마 비 오려나, 사흘 굶은 시어미 얼굴을 닮은 우중충한 날씨에 괜히 내 심사 몹시 뒤틀려 있던 터에 연 선생 하소연을 듣고 보니 치밀어 오르는 울화 도저히 참을 수 없어, 나 또한 작심하고 연 선생에게 답하려 하오. 본래 인간의 본성이야 그렇게 악하지는 않겠지만 근래에 들어 점점 간사함과 교만함이 도를 더해가는 양을 볼라치면 삼 년 전 오뉴월 염천에 먹은 식은 보리밥 알이 나 곤두서는 것 같소.

연 형!

한때 좋았던 시절, 사람이라 불리는 그들이 연 형이나 나를 얼마나 사랑하고 좋아하였소? 그네들이 당신네 연煙 씨 집안을 짝사랑하다 못해 노래로 사랑 고백한 것이 '담방구' 타령이지요. 또한, 우리 주酒가 성 가진 동포들을 위해 여기 해동성국

조선 땅 지조 높은 선비양반 송강 정철 선생은 "한잔 먹세 그려/ 또 한잔 먹세 그려/ 꽃 꺾어 산 놓고/ 무진무진 먹세 그려. ……."라고 '장진주사'로 호기 부리고 멋 담아 노래로 읊었고, 간드러진 평양 기생, 절개 높은 송도 기생들의 권주가는 또 얼마나 많은지 우리는 익히 알고 있는 바이오.

우리가 우리의 주인 되는 인간들의 건강을 해치는데 어느 정도의 영향력이 있었다는 것은 현대 과학이 증명하였으니 애써 부인하려고 하지는 않겠소. 그러나 정녕 그들이 우리 때문에 죄 없이 병들어 죽어가고 있다고 생각하시오? 생각해 보시오. 인간들이 병들어 죽어가는 이유 중에 가장 큰 것이 우리 때문이라면 현대 의학의 발전하기 전, 오랜 옛날 우리를 그렇게 사랑하고 풍류를 즐기며 하루도 우리 없이는 살 수 없다던 중국의 이태백 같은 주선酒仙 시인詩人은 일찍 요절해야 했을 것이요, 공초 오상순 선생은 어떻게 천수를 누리다 세상을 떠났단 말이요. 정녕 우리 때문에 인간이 병들어 죽었다면 이들과 같은 삶을 산 지조 높은 선비양반들은 벌써 씨도 없이 말라 죽었어야 했지 않소. 그것보다는 현대 과학문명의 발달에 따라 필연적으로 수반된 자연공해와 어쩌면 인간의 숙명 같은 스트레스가 그들을 병들어 죽게 하는 가장 큰 원인일진대 죄 가벼운 우리만 죄인 중에 상죄인 만들어 역적 취급을 하니 어디 서러워 살겠소. 이 모든 것이 인간 스스로 만들어 가는 잘못이지요. 적당히, 알맞게 즐길 줄 모르는 과욕이 인간들 스스로 무덤을 파는 격이란 말이오.

간사하고 교만한 인간들에 의해 지금 우리의 처지가 다리 밑에 비 맞은 강아지 꼴이 되어 우습게 되었다 하더라도 목구멍에 독한 농약 한 병 탁 털어넣고 이 세상 하직할 생각일랑 아예 그만두시오. 그들이야 뭐라고 나무라던 우리가 인간 그들에게 베풀어준 은혜 또한 적지 않을 터이니 한번 들어 보시오.

가진 것 많은 인간 호기 부리는데 우리 주 씨가 제격이지요. 그렇지 않소. 집안에 들어앉아 오징어 한 마리에 소주 한 병 마시나, 고급 룸살롱에서 비싼 양주 마시나 취하기는 매일반일 터인데도 아까운 돈 물 쓰듯 하며 비싼 양주 마시는 것을 보면 가진 자들의 호기겠지요. 그 호기 부림도 우리가 있기 때문에 가능한 일이지요. 또 생각해 보시오. 하루해가 빠지도록 허리 한번 펴지 못하고 논밭에서 피땀 흘리며 일하는 농부들에게는 우리 막걸리 한 사발에 풍년초 담배 한 대가 보약 한 첩보다 효과가 더 크겠고, 자욱한 먼지 뒤집어쓰고 공장에서 하루해를 보낸 더벅머리 공장 아저씨에게는 퇴근길 선술집 소주 한잔에 거나해져 아리랑 담배 주머니에서 찾아 물고 흥얼거리는 유행가 한가락에 그렇게 많은 시름을 다 잊으며 살고 있지 않소. 자랑할 것이라고는 사타구니에 달랑 달린 그것 두 쪽밖에 없어도 오두막 전셋집에서 기다리는 마누라, 자식 생각하며 손가락이 잘려나가도 아픈 줄 모르고 일하는 우리의 젊은

노동자들이 바늘 끝같이 짧은 휴식 시간에 급히 찾아낸 꽁초 맛이야 안 겪어본 사람은 모르는 그들만의 참 맛이지요. 게다가 되지도 않는 글 한 편 써보겠다고 밤새워 골치 썩이는 문사 양반님들, 머리에 빵모자 얹고 멋부리는 화가 선생님들, 멋진 노래 한 곡 만들어 히트하는 것이 평생소원인 작곡가님들, 그들이 새 아이디어 찾아 눈 굴릴 때도 연 선생이나 나만한 친구 있으면 나와 보라 하시오.

연 형

기왕지사 이렇게 작심하고 시작한 말이니, 내 끝까지 다하지 않으면 속병 되어 먼저 저세상 구경할 것 같아 이 가슴에 맺힌 말 아니 털어놓을 수 없구려. 생때같은 자식 명이 짧았는가. 먼저 가버린 자식 앞에 두고 넋이 나간 노부모님. 잘 나아가던 양말 공장 IMF로 된서리 맞아 부도로 홀랑 날려버리고 반정신 나간 중소기업 어느 사장님. 그 아픈 가슴 우리가 아니고 세상에 어떤 좋은 약으로 달래줄 것인지요.

험한 세상 이렇게 천대받으며 모진 목숨 연명해 가야 하는 처지이고 보니 동병상련이라. 사랑하오. 연 선생! 처지 비슷한 우리끼리라도 사랑하지 않으면 그 누구에게도 따뜻한 정 받기 애당초 틀렸다 싶으니 님을 사랑하오. 그러나 이 세상이 천지개벽을 하여 우리의 주인인 인간들이 멸망하기 전에는 그들 나름대로 가지가지 애환도 많을 터, 가슴 시린 그들 잠시 위로

하여 시름 잊게 하는 것도 적선하는 일이라 위안하며, 목숨 붙어 있어 사는 날까지 굳세게 견디어 봅시다. 그리고 세상을 향해 크게 외쳐봅시다.

"우리가 보기 싫고 냄새가 역겨운 인간들이여! 절대로 가까이 오지 마라. 하나 가슴 속 불덩이 같은 화병 있어 속 터지는 인간들에게는 이 한 몸 기꺼이 바쳐 밤새워도 좋으니 내 그를 위로해 주어도 좋으리."

■ 작가 연보

1947년 경북 상주시 출생
1968년 체신공무원으로 입사
1982년 KT(한국전기통신공사)로 전환
1993년 한국방송통신대학교 졸업(행정학사)
1997년 경북대학교 행정대학원 졸업(행정학석사)
2003년 KT 명예퇴직 (최종직위 : 대구본부 고산지점장)
2003년 자서전 『이룬 꿈 못다 이룬 꿈』 출간(청마루 기획)
2006년 대구수필문예대학 수료
2006년 수필과비평사 신인상 수상으로 수필문단 등단
2010년 수필집 『목화꽃 향기 되어』 출간(홍익출판사)
2016년 수필집 『홀씨 하나 떨어져』 출간(수필과비평사)
2021년 수필집 『이상향은 어디에』 출간(수필과비평사)
2022년 수필선집 『봄, 여름, 가을, 겨울』 출간(수필과 비평사)
2016년 대구수필가협회 문학상 수상

2021년 수필과비평문학상 수상
2020년 예술인활동 증명 확인서 받음
2013년 KT그룹 희망 나눔재단 스마트강사 선발
2019년 KT그룹 희망나눔재단 스마트 강사 퇴직(7년 활동)
2020년 대구문화재단 주관 인생나눔교실 멘토강사 선발
2022년 현재까지 대구문화재단 인생나눔교실 멘토강사로 활동 중 (3년차)
2021년 대구 시각장애인 연합회 수필 강의
2020년 대구시니어매일 기자 선임
2022년 대구시니어매일 기자로 활동 중 (3년차)

현대수필가 100인선 Ⅱ · 95
김정호 수필선

봄, 여름, 가을, 겨울

초판인쇄 | 2022년 03월 10일
초판발행 | 2022년 03월 15일

지은이 | 김 정 호
펴낸이 | 서 정 환
펴낸곳 | 수필과비평사 · 좋은수필사

주　소 | 서울시 종로구 삼일대로 32길 36.
(익선동 30-6)운현신화타워 305호
전　화 | 02)3675-5635, 063)275-4000
등　록 | 제300－2013－133호
홈페이지 | http://www.shinapub.com
e-mail | essay321@hanmail.net

값 10,000원

ISBN 979-11-5933-391-0 04810
ISBN 979-11-85796-15-4 (전 100권)

* 저자와 협의하여 인지는 생략합니다.
* 잘못된 책은 바꿔 드립니다.